死後會發生什麼事？

The Afterlife

What Really Happens in the Hereafter

超越瀕死經驗，你要知道的死後世界

靈訊導師 依麗莎白．克雷爾．普弗特 *Elizabeth Clare Prophet* 著　非語 譯

目錄

第四章　阿飄的危險性　115

第五章 強占天堂 145

第六章 命令光 181

第七章 你需要知道的輪迴轉世 207

第八章 前進天堂 255

第一章

理解生命的連續性

無意識的心靈相信死後有生命。

——瑞士心理學家卡爾・榮格

你曾經活在無限的過去。你將會活在無限的未來。因此，你不需要擔心生命中止在物質身體內。最值得你關心的課題是，在那具身體失去動力、報廢成為所謂的「幽靈」之前，你已經達成了你想要完成的每一件事——為神、為自己、為你的家人、為你的社區、為你最愛的人類成就。然而，正如我們每天在新聞中看到的，一個人永遠不知道，我們自己或親人摯愛今生的機會，什麼時候可能會夭折。

滿腦子想著死亡，等於是滿腦子想著不真實的事。死亡不是真實的。那是常被稱作NDE（near-death experience）的「瀕死經驗」告訴我們的。「死亡」是個名稱，意指物質身體的各個系統逐步關閉的過程，包括腦、心臟以及隨後關閉的其餘部分。但死亡並不是生命或意識或你的靈魂的連續性終止了，死亡並不是你停止存在，並不是說你即將上天堂或下地獄。**死亡是你不再擁有一具物質身體**，那是最主要的調整。

在這個擺脫物質身體的時候，我們已經為接下來發生的事設置了舞臺。這一生，我們想到的每一個念頭、感受到的每一個情緒、採取的每一個行動，都是用神的能量完成的。我們採取行動，建功立業，靠的是來自「神性本源」（Divine Source）的光瀑布，進入我們的內心裡。當我們接收這股能量時，它就是晶瑩剔透的「生命」（Life）之水流。

然後，我們可以用純淨聖潔來限定這條生命的水流，也可以用例如嫉妒、憤怒、恐懼、懷疑、沮喪等負面性來限定。這些不協調的振動加重他人的負擔，他人也加重我們的負荷，造成負面性不斷積累。而且那個負面性會一直存在，直到我們將憎恨轉變成愛、將內心的嚴厲冷酷轉變成悲憫和寬恕、將好戰的能量轉變成和平為止。我們對神的能量的限定，是累生累世不斷積累的，而且這樣的限定，決定了我們在兩世之間的許多情況。

理解這個過程非常重要。當你在稱之為「死亡」（death）的過渡轉換期離開身體之後，有許多變數可以決定會發生什麼事。我想介紹你認識若干的可能性，以及潛在的陷阱。我也會解釋，你需要知道些什麼，才能夠準備好因應之道。當你往生時，絕大部分的人會進入一個過渡時期，在此期間，你將再次為下一輩子的場景做準備。一小部分的人，已經實現了他們存在人世間的理由。他們不會再返回到地球，但會在他們的靈性進化中繼續前進。

你的終極目標是達成與你的「較高自我」（Higher Self）和你的「神臨在」（God

Presence）結合，從而停止輪迴轉世。有過瀕死經驗的人們，帶著如此的神聖結合感返回到人世間，他們渴望保有曾在另一邊經驗到的至福，即使他們因這次更新的機會活出了下半輩子。

我們去哪裡？為什麼？

我曾經為許多往生後的靈魂祈禱，而且時常獲准看見發生在他們身上的事。中東的波斯灣戰爭（Gulf War）結束時，我忙著為那些往生者祈禱，不只是為美國人和我們的盟軍祈禱，也為來自四面八方的人們祈禱，包括伊拉克人、曾經參戰的每一個人，以及所有被奪走性命的無辜平民百姓。

我發現的事非常有意思。虔誠的人，包括武裝部隊的男女，來自每一個國家凡是真正屬靈且時常禱告、時常奉獻同時擁有純潔的心的人們，都已經被天使們帶到天界的靈修區。這些人當中，某些人具有極大的光動量，因此早就在天界的靈修區。其他人也有光，但光量不足以到達靈修區，所以我召喚天使們前來帶走這些靈魂，他們歡迎天使且與天使同行。有些非常虔誠的回教徒，一直在自己的身體旁邊禱告，無法超越自己的身體，去到別的地方。他們的屍體躺在哪裡，他們就跪在哪裡禱告。他們一直在禱告，而且是從被殺害的那一刻開始，便持續不斷的禱告。

接下來，我看到了一件最有趣的事。我看到某些軍人（他們來自每一個國家，包括美國在內）根本不想進入光的界域。他們非常生氣，氣自己被殺害了，他們正在表達這股憤怒，氣急敗壞或詛咒謾罵或粗言穢語。他們忙著暴跳如雷，因此沒有被帶到某個和諧或休息或學習的地方。這不只是因為他們不適合到那些地方，更因為他們竟然拒絕了為他們前來的天使。這些軍人說，他們不想到可以在那裡學習的光之靈修區。這是非常可惜的，因為天使們確實是我們的摯友。

所以你可以看見，代表哪一邊參戰，並不能決定這些靈魂在往生之後發現自己在什麼地方。他們的意識狀態才能決定他們死後會在哪裡。

你的死後生命是獨一無二的

我曾經觀察到各種驚人的情況，發生在已往生的個體身上。我說過，有些靈魂去世後立刻被天使直接帶到天界。他們在服事神和愛神方面擁有強大的動量，因此被吸引到他們原本熟悉的層級。

當天使到來時，有些靈魂願意與天使同行。他們醒來，看見真相，明白自己必須隨天使到較高的界域，他們可以在那裡做著死後該做的事：為重新誕生做準備。

但有些人拒絕或忽略天使，因為這些人非常開心地繼續做著他們在低階界域裡一直在做的事，一層層的幻相並不是天界的一部分。或者，他們可能迷惘困惑，以為自己還在物質身體內，因為周遭環境可能看似熟悉，這很容易發生在死後生命（the afterlife）的較低層級中。

有些靈魂的靈性造詣不夠，無法靠自己成功到達天界。他們必須等待，直到人世間的某人召喚天使前去拯救他們。

我舉幾個原本認識且曾在他們因各種原因往生時，為其禱告的人們為例，為讀者闡明死後生命境遇的巨大多樣性。

被習性困住

一名女子在六十歲時往生。她曾經有大約四年期間多少致力於靈性之路。但當我召喚她時，卻發現她陷在死後生命的低階界域。她被同情和自憐包圍住，因此被那個界域裡其他同等振動的靈魂綁住了。她跟幾個愛八卦的女士坐在一起。

當我看見這個畫面時，我向她投射了我的臨在並說道：「你必須聽我說。你一定要跟著前來接你的天使們一起走。」她看著我，看著天使們，說道：「你們為什麼在這裡？」然後她想起來了，於是說：「噢，我知道你們為什麼在這裡。我必須跟你們一起走。」她轉頭對其他女士說：「我現在必須離開。我要去一個更好的地方。」

另外兩位因為自己的業力而待在那裡的女士對她說：「嗯哼。等著瞧吧。你在那裡不會快樂的。」她們設法說服她不要跟著天使們進入天界！當人們卡在低階界域時，就有一股巨大的拉力將他們留在那裡。

幸好這名女子選擇跟著天使們一起走，這為她下一世重返人間以及在靈性之路上取得進展，奠定了美好的開始。

癌症末期

我的教會有一名老成員死於癌症，享年六十五歲。在我們教會的十四年裡，她沒有太多的靈性動量。上次我見到她的時候，她看起來很不錯，但當時她告訴我，她在人世間的時間不多了。她知道自己會投胎轉世。我在她往生後為她禱告，當時，她已經在天界了。她正在那裡上課，為她在地球上的下一世做準備。

古柯鹼過量

我認識一位從南美洲來到美國的年輕人。他原本已經戒掉了大麻和古柯鹼，但他後來回到南美洲且最終因古柯鹼過量而往生。那個過量可能是意外事故，也可能是有意殺死他的某人給他的。他死後遭到劫掠。

發現他的死訊時，我召喚大天使麥可（Archangel Michael）和藍光天使（blue-lightning angel）們找到他，把他帶到他本該歸屬的地方。他被發現身在較低的層級，那裡不是天界的一部分，而是我所定義的「星光層」（astral plane）❶。這些較低層級具有深不可測的黑暗深度，往下降，就去到任何人都會認定是傳統地獄畫面的層級，要在地獄層級找人可是不容易的。

我總是請求天使們，將當事者帶到適合讓他們的靈魂學習和準備的地方。噢，這個年輕人被發現坐在星光層的一間酒吧內，他死後就一直在參加派對。在他去世之後幾個月，那位藍光天使靠近他，他才領悟到自己去世了。他變得歇斯底里。還好他認得藍光天使，因為他在世的早年，曾經學過召喚大天使麥可。有些往生者甚至看到天使還不認得天使。

這位力量強大的天使，帶走了這個年輕人的靈魂，讓他入睡，然後將他安置在一處

❶ 本書末的詞彙定義了你可能不熟悉的術語。

天界的靈修區，在那裡的靈魂們，需要先斷離他們在人世間的往生事件，如此他們的靈魂能夠繼續進化。他們在那裡得到某種類型的休息，儘管並不是在物質身體內。他們可能會在這個靈修區休息幾天、幾小時、幾週、幾個月或幾年，取決於需要進行的療癒流程。

那是我最後一次與他接觸。他被帶到他需要去的地方。這是一個前進之舉，讓他領悟到他不是生者而是死者，要度過那個震驚的過程，然後要被安置在一個可以療癒他的靈魂的地方。

遭入侵者射殺

另一個死後生命經驗的例子，是一名單身女子，她是個攝影師，年近四十，一人獨居。她在自己的公寓裡被槍殺，沒有搶劫或性侵，動機不明。

當我為她禱告時，她在星光層，在她一直居住的那座城市裡。她正企圖前進到某個地方，但歷盡艱辛。當時的她緊緊握住一根欄杆，好讓自己不被死後生命的黑暗級浪潮沖走。

我召喚藍光天使前去解放她。當她看見天使們前來拯救她時，她哭了，如釋重負，然後她被帶到天界去。

車禍

跟我很熟的一名十幾歲男孩在一場車禍中喪生。幾週後，我得知那起事故，於是為他禱告並召喚天使們。在此之前，不同的人們曾經為他禱告，但不知什麼原因，他還是逗留在事故現場。他動彈不得，也無法離開。我不知道為什麼，但基於某個原因，一直到我召喚天使們前來的時候，他才能夠被帶走。

當天使們來到他面前時，他站了起來，認出了天使，然後請求天使們帶他到他該去的地方。天使們把他帶到天界的某個特殊靈修區，那是專門為經歷過暴力或毒品相關死亡的青少年設立的。在那裡，他加入其他青少年一起進行康復療程。這個靈修區的居民得到協助，慢慢適應突然離開身體造成的驚嚇。

既然你知道有一個死後靈魂可以療癒的地方，當你聽見青少年基於這些原因往生，乃至年紀稍大的年輕人因為某個意外創傷往生時，你就可以為這些人熱烈祈求天使們將他們帶到這個特殊的靈修區。

染上愛滋的血友病患

下一個例子是一名得病多年的女子，她是血友病患，也是非常可愛的靈魂。她曾經把自己的照片寄給我，告訴我她即將死於因輸血感染造成的愛滋病。我時常為她禱告，而她最終往生了。

在她往生後我為她祈禱時，發現她已經在天界的某個層級。她化身成一個小小孩，奔跑在有草有花的草地上，自得其樂。

這類活動可以讓我們再次體驗到靈魂的童年，那是一個療癒過程，也是一個過渡期，讓靈魂可以好好準備投胎轉世同時釋放掉這類死亡造成的傷疤。

這名女子的業力，只能以如此往生的方式才能夠得到平衡，而且根據業力法則，她往生的本質是合理應得的。所以她能夠清償一筆累世積欠的沉重業力，然後將會得到投胎轉世且繼續致力於靈魂進化的機會。

保護死亡的過渡期

沒有物質身體，可能是充滿挑戰乃至有危險的。在過渡到死後生命這段期間，所涉及的不確定性，促使許多文化傳統均有為死者祈求禱告的儀式。天主教徒用禱告守靈，幫助靈魂到較高的界域。埃及人有《亡靈書》（*Book of the Dead*）指引他們穿越死後世界。而《西藏度亡經》（*Tibetan Book of the Dead*）則有連續幾天誦唸並迴向給死者的禱詞，引導已離開身體的靈魂繼續前進，警告他不要掉入黑暗的振動。

與你分享的故事，可能喚起了你對朋友、摯愛或熟識者的回憶或思念，這些人已經完成了或是不久即將發生稱之為死亡的過渡轉換。假使我們召喚天使降臨到那些層級拯救這些親人摯愛，靈魂就可以被帶到適合他們的地方，甚至可以從星光層中被釋放出來。

召喚大天使麥可

你可能會問：「為什麼我們必須請求天使們做這樣的事呢？沒有我們的請求，天使們不會主動那麼做嗎？我們為什麼需要祈禱呢？」

我們需要祈禱，因為天使們原本屬於最高的天界層級。如果祂們要降臨到我們的世界，就必須由居住在這裡的我們召喚。除非我們請求，否則天使不能進入到我們的界域介入干預，因為我們擁有自由意志。神已經賜予我們自由意志和這個世界的統治權。因此，那是取決於我們的。

請謹記這點：當有人去世時，如果對方船帆上的風不足以航行到或去到想去的地方，我們就必須為靈魂召喚天使。這是每一個人都需要覺察到的危險，因為我們可以對此做些什麼。我們可以召喚大天使麥可和祂的藍光天使們，請求祂們來到那些較低的層級解放靈魂，讓靈魂們可以到某個休息和再生的地方。

若干的世界級宗教傳統中，大天使麥可都是最受崇敬的天使，包括猶太教、基督教、伊斯蘭教。我可以花幾天時間說故事，告訴你大天使麥可和祂的藍光天使軍團，如何介入我的生命和我認識的人們的生命之中。你也沒有什麼不同，大天使麥可同樣是你的守護者。你唯一要做的是祈禱或召喚，而祂一定會回應，因為你是神的孩子，神摯愛的兒子或女兒。你呼求天堂的那一刻，天堂一定會回應。

你的召喚可以像這樣簡單：

大天使麥可，幫幫我，幫幫我，幫幫我啊！大天使麥可，請派遣祢的藍光天使們來解放（往生者的名字），將他（他們）帶到天界。

當你說這些話的時候，你便將一道弧形的光，從你的心傳送到這位莊嚴的大天使的心。當你滿懷熱情發出那則召喚時，大天使麥可將會瞬間來到你身邊。你可以觀想祂穿著亮藍的盔甲，配帶一把純淨的光製成的藍火焰寶劍。祂戴著比鑽石堅硬的水晶頭盔，為祂擋開星光層，和我們的物質界的不當能量帶來的黑暗和陰影。祂的氣場閃爍著電光藍，代表神的純淨和力量。

你愈是養成一股召喚大天使麥可的動量，祂和祂的藍光天使就會愈強，愈迅速的前來幫助你和你禱告的對象。如果你建立起召喚祂的能量和強度，你就會把自己塑造成大天使能量的磁鐵。祂將會透過你工作。

所以，日常生活中要謹記大天使麥可，為了保護自己，也為了協助他人。這可能發生在高速公路沿途你看見某場車禍的現場，或是發生在你正在看新聞的時候，或是你聽見某人死亡的任何時間。那可能是親人摯愛，可能是做錯事的人，也可能是你根本不認識的人們。大天使麥可和祂的天使們，會保證將這些人帶到他們需要存在的死後層級。

向天使們禱告

你可以為即將過渡到死亡或已經往生的靈魂們，唸誦下述這段祈禱文：

以全能的神和我個人的較高自我的名義，我召喚大天使麥可和祂的藍光天使們，前來解放（插入名字），將他（他們）安全的帶到某個光明和療癒的地方。我感謝祢們，也接受這事被立即完成。

噢，最親愛的麥可，信心的大天使，
在他們生命的周邊，封印防護吧；
讓他們的信心隨著每一個新的日子增長，
生命中的神是唯一真實的。

行在他們前面，親愛的麥可，
祢的信心護盾，他們絕對敬畏；
光的生動火焰構成的盔甲，
以神之名顯化行動。

噢，麥可，麥可，光之王子，
信心的天使，美麗，明亮；
在他們周邊，現在封印防護，
讓天堂的信心治癒一切的錯誤。

麥可，麥可，現在提升他們吧，
提升到他們必會順從的神我；
閃閃發光的力量火焰，
他們誓言必會保有每一個幸福的時刻。

以全然的信任，我感謝接受這一切就在此地此時顯化，充滿力量，恆常持續，全能活躍！

確立向大天使麥可祈禱的靈修法，你將會建立起自己與祂和祂的藍光天使們的關係，保護你的來來去去，包括在今生的盡頭，你離開自己的身體，進入更高的存在層級時。如果你在內心裡決定，渴望大天使麥可在你過渡到死亡的時刻來到你面前，你可以請求祂，到時祂一定會為你而在，而且一定會幫助你得自由，一定會協助你進入光的界域，減輕往往因往生的恐懼而帶來的痛苦。

為即將離開地球的靈魂禱告

為你提供另一則可以為離世的親人摯愛祈求的禱詞，讓你在喪親時可以得安慰，也可以透過天使們的介入安慰其他人。你可以為你的親人摯愛提出你個人的要求，然後運用下述禱詞。我深信這樣的召喚總是得到回應的！

摯愛的神的臨在，在所有人類的內心裡，摯愛的大天使麥可與祢的天使軍團們：
以人類的靈魂的名義——尤其是今天將得到我們天上的父召喚離世的凡人們——
我發出這則召喚。

讓和平的天使們站在每一個靈魂的物質身體旁，幫助這些正在離開物質八度的人們以及那些在場且這類釋放即將發生的人們，讓他們的氣場和感覺保持完美的平和。

透過神的六翼天使的純淨，讓聖潔的靈氣在過渡的莊嚴時刻得以維繫，讓這個靈魂可以靠大天使軍團斷離塵世間的驅殼。

讓所有的恐懼和懷疑、分隔的傷心遺憾、別離親人摯愛的哀痛，都被天使們銷毀，好讓站在全新自由門檻前的靈魂沒有憂傷。

讓主的拯救天使遇見每一個靈魂，不要讓屬於地球進化的靈魂穿越所謂的死亡帷幕，卻無人照管。

按照祂的旨意，讓今天離開生命屏幕的所有神的子女，都被帶到悲憫和寬恕的天界聖殿。

讓他們好好準備，帶著較高自我的尊嚴和全然有意識的覺知，通過自己的生命回顧，且讓每一個靈魂被分派到某間生命的教室，被賜予機會，可以研習與自身進化相關的神的律法。

我召喚悲憫和愛的天使們，要擁抱住即將離開或最近剛離開這個地球的所有那些親人摯愛，要轉化和銷毀一切的負擔和失落感，使每一顆心和每一個家充滿平安與諒解，好讓有機會被召喚到其他界域的靈魂可以在永生之路上前進。

所願如是！我接受這事以全能的神的名義完成，阿門。

第二章 人死後會發生什麼事？

死後不久，產生缺乏物質肉身的感覺，
靈魂看見死後世界的景象，
彷彿他正用活著時候睜開的雙眼看見那一切。

——古印度文本《毗濕沙達》（*Yoga Vasishta*）

一名年輕人在足球場上癱軟倒下，沒有站起來。他被倉促送到醫院。他的脾臟、肝臟、腎臟破裂，心臟已經停止跳動。醫生們設法救活他，但失敗了，他被宣判臨床死亡。

同時，這名年輕人正在離開他的身體。他感覺到自己正被送往一條黑暗的隧道，朝一道明亮的白光前進。站在光中的是一位有鬍鬚的男子，他說：「還有更多的工作要做。」於是，在他被宣判死亡之後七分鐘，這位足球運動員突然在手術室裡甦醒過來，醫生和護士們都驚愕不已。

你們八成都聽過瀕死經驗的故事。這則真實故事是我的一名學生告訴我的。

科學評審團至今仍在篩選瀕死經驗的證據。科學家很久以前就發現，當他們刺激腦部一個名為「側腦溝」（sylvian fissure）的區域時，患者描述有離開身體的感覺，甚至表示見到了早已死去的親戚[1]。因此，某些現代科學家將瀕死經驗視為奄奄一息的腦子的防禦機制。其他研究人員，則將瀕死經驗斥之為一廂情願的想法或藥物引發的幻覺。然而，大部分曾經認真研究過瀕死經驗的研究人員均認為，這些不屑一顧的解釋是不當的。

許多瀕死經驗發生在患者腦死的時候。然而，事後這些患者卻能夠精確的描述自己「死亡」期間發生在手術室內的諸事細節。小兒科醫師兼瀕死經驗研究人員梅爾文・莫爾斯（Melvin Morse）❶指出，科學仍然無法解釋，腦死的人產生這些經驗的能量從何而來。他認為，側腦溝區不是某人在瀕死經驗期間經歷那一切的「源頭」，而是允許我們「處理」奧祕經驗的腦部區域。莫爾斯說，這個區域使我們能夠接通「神祕主義的電路板」，使我們覺察到平時無法感知到的事物[2]。

有過瀕死經驗的人描述，雖然離開身體，但他們還是繼續像在身體內一樣思考和感覺，儘管許多案例顯示，這些人在瀕死經驗期間是腦死的。這顯示，腦（brain）並不是心智（mind）。我希望你好好思考這點。許多人認為，他們的腦就是他們的心智。現

❶在書末附錄二，你可以在〈我認為你應該沒辦法跟神說話〉一文中讀到更多關於梅爾文・莫爾斯醫師研究兒童瀕死經驗的傑作。

在，這種想法在我看來似乎總是非常奇怪。如果你看著一個人類的腦子，那肯定不是正在思考的內容。

正在思考的是你的靈魂，因為你的靈魂與神的心智是合而為一的。透過腦、透過中樞神經系統，神的心智變得明白易懂。但你身體內的任何地方都可以覺察體悟。所以，腦是心智的工具，而在腦子死亡後，心智繼續運轉。因此，當某人宣判你死亡的那一刻，你並不會停止思考或存在。這是莫大的安慰。你將會知道你今生曾經知道或學到或經驗到的一切。那是你的一部分，你一定會攜帶著。

我相信在瀕死經驗期間，靈魂是離開物質身體的。瀕死經驗證實了許多人本能上已經知道的事：人不只是自己的身體，而且之前已經從這具身體和其他身體來來去去許多次了。瀕死經驗是寶貴的經驗，神今天賜予我們這樣的經驗是要提醒我們，我們比自己的身體豐富許多。目前這一生只是漫長系列或一連串生命的一環。有過瀕死經驗的人通常更有可能相信輪迴轉世。

我將會深入分享輪迴轉世的信息，以及理解輪迴轉世對你來說是多麼的必要（見第七章），接下來，我們將審視幾段瀕死經驗，以及有過瀕死經驗的人們得出的一部分結論。

瀕死經驗期間發生什麼事？

「瀕死體驗」（*near-death experience*）這個詞是擁有哲學博士學位的醫學博士雷蒙．穆迪（Raymond Moody）創造出來的。穆迪寫了不少探討這個主題的著作，包括《死後的世界》（*Life After Life*）、《深思死後的世界》（*Reflections on Life After Life*）、《光的那一邊》（*The Light Beyond*）。我想針對他研究多年所蒐集到的一些描述發表意見。

穆迪報告，瀕死經驗開始時，當事者可能會聽見自己被宣判死亡，這人可能還會聽見悅耳或討厭的鈴聲、嗡嗡聲或嘶嘶聲。我相信這種噪音，是靈魂斷離物質身體的聲音。劇烈疼痛的感覺被極為愉悅的感覺和體受所取代。當事者往往發現，從自己物質身體外的某個位置看著自己的身體。他們可以看見醫生們正企圖救活他們。

多數受訪者表示，他們發現自己在另一具身體之中，穆迪稱之為「精神體」（**spiritual body**）。房間裡的其他人看不見也聽不見他們。他們無法抓握或移動物體，但可以穿過牆壁。許多受訪者描述了一種漂浮感，一種無重力的感覺。他們發現旅行可以是瞬間的。人們往往茫然的描述這具身體的形狀，他們可能把它描述成一團色彩或一個能量場。

許多受訪者表示，感覺被快速拉過某種通常被描述成黑暗隧道的黑暗空間。黑暗隧道代表斷離物質界，進入另一個意識層，就像是改變頻率。在隧道的盡頭，他們可能會看見一道明亮的光，強烈但溫暖、活躍、有生氣。進入那道明亮的光之後，他們遇見光之存有（**being of light**），有時候遇見比他們早死的朋友或親戚。

穆迪寫到，有過瀕死經驗的其他人描述了光、圖書館和機構構成的城市。「其他人描述了一整個專為熱愛追求知識者設立的死後生命界域。一名女子說到……一所好大的大學，那裡的人們深入地談論著他們周遭的世界。另一位男子將這個界域描述成一種意識狀態，在這裡，你想要什麼，就可以得到什麼。如果你想到要學習某樣東西，它就出現在你面前，供你學習。」[3]

某些有過瀕死經驗的人們看到了美麗的田園風光。一位老人告訴穆迪：「當你到達另一邊時，有一條河。就像《聖經》說的一樣……它有光滑的表面，就像玻璃……是的，你渡過一條河。」當穆迪問他如何過河時，老人回答：「就走過去啊……很美麗。不可言喻……那裡非常安靜，非常平和。感覺就像在休息。沒有黑暗。」[4]

在瀕死經驗期間見到朋友和親戚，以及進入田園風光，可能與進入一個完全主觀、根據個體的欲求和願望創建的界域有關。佛教徒稱之為「提婆界」（*devachan*）。在提婆界中，你看見想要看見的東西、期望看見的東西，以及何時想要看見這些。人們可能會在提婆界度過幾十年或幾個世紀（以地球上的時間量測），那裡的靈魂活在一個願望成真的界域，演出自己的欲求和願望，然後再輪迴轉世（你將在第三章中更詳細了解「提婆界」和其他死後生命的層級）。

繼續談論穆迪在瀕死經驗報告中，對類似情境的分析，他說：「先見過幾位光之存有，然後瀕死經驗者通常見到某位『至高無上的光之存有』。」基督教背景的人往往將祂描述成神或耶穌，其他宗教背景的人們可能稱之為佛陀或真主阿拉。但有人說過，不是神也不是耶穌，反正就是某位非常聖潔的存有。」[5]

我相信，人們在瀕死經驗期間到另一邊看見的光之存有，其實是他們的較高自我，我稱之為「神聖的基督自我」（Holy Christ Self）——確實是「神之子」（Son of God）的顯化，對每一個人來說，那是非常個人的。穆迪說，這個存有散發出非常全然的愛和理解，讓多數人渴望永遠留在祂身邊。你的較高自我其實永遠與你同在，在每一次的化身裡，因此這個欲求一定會被滿足。當你準備就緒時，你的靈魂將被融合到較高自我中，於是你將會成為行動中的較高自我，這是人生的首要目標。

生命回顧

在瀕死經驗中的某個特定時刻，當事者無法永遠與這位聖潔的存有待在一起。穆迪說：「在這個時候，他們被告知（通常知會者是那位光之存有），必須返回自己塵世間的身體。但首先，祂的工作是要帶他們進行生命回顧。」[6]這位存有向當事者呈現「全彩、三維、全景式的景象，回顧瀕死經驗者在人生中做過的每一件事。」[7]那個體驗幾乎是在瞬間發生的。

穆迪繼續說：「在這個情境中，你不僅看見自己曾經做過的每一個動作，而且立即感知到，你的每一個動作對你生命中的人們造成什麼影響。」[8]這是一次業力回顧，包括我們已經發動的原因和結果，我們的行為如何影響生命的任何部分或每一個部分，以及返回生命之流，將會如何影響到我們。

> 他看見自己虔誠和平凡的行為事蹟，彷彿這些將會持續到永恆。以前從沒見過或想過的東西，也自行浮現讓他看見……
>
> ——《毗濕沙達》

你的「較高自我」確實與你一起回顧你今生做過的每一件事的紀錄。你可以看見你的行為造成的眾多結果，這些行為如何幫助或傷害人們。每一個行為都送出漣漪，就像鵝卵石掉入池塘裡。在這次生命回顧期間，你的較高自我並不審判你或定你的罪。但你非常清楚自己哪裡成功了、哪裡失敗了、需要做些什麼來彌補你傷人的行為。

並不是每一個靈魂一死亡就立即體驗到這樣的生命回顧。有些靈魂根本沒有準備好面對生命回顧，他們可能太沉迷於幻相，無法接受，或是他們可能因為自己的死法而驚魂未定。這些靈魂要先經歷一段睡眠或修復期，然後才進行生命回顧。

穆迪寫道：「有些人將（生命回顧），描述成那位光之存有祭出的某種教育上的努力。」確實是這樣，「當他們親眼目睹這樣的呈現時，那位光之存有似乎是在強調生命中兩件事的重要性：學會愛別人和獲取知識。」[9]正如我一遍又一遍講述過的，憑藉我們的教義或我們的教條，我們永遠上不了天堂。唯有憑藉我們心中的愛的品質，才能夠到達那裡。

我想，我們許多人都會懊悔遺憾，因為漫不經心或刻薄的言辭，或是因為沒有把握機會說出愛與平和的話等等。這是靈魂平衡業力的深切渴求，它顯示出，個人負起全責之感其實是我們的靈魂與生俱來的。但不知何故，當今世上盛行的言論卻說，只要可以逃脫，什麼都是可行的。

被翻轉的人生

有些人經歷過瀕死經驗後回來，很生氣被遣返地球、被帶離美麗的天界。這股憤怒不久後便消散褪去，因為這些人在回來之後，找到了更大的人生意義。穆迪說：「許多瀕死經驗者告訴我，他們感覺到，他們的生命因為自己的經驗而被拓寬了、加深了，因為瀕死經驗，他們變得更加深思熟慮、更加關注終極的哲學課題……幾乎每一個（有過瀕死經驗的人）都曾經強調，今生的重點在於設法培養對他人的愛，一種獨特而深邃的愛。」[10]許多瀕死經驗者還表示，他們不再害怕死亡。他們不尋求死亡，但他們知道死後是有生命的。

往往，人們的一生因瀕死經驗而翻轉。例如，尼克是個行騙高手兼罪犯，穆迪說：「他壞事做盡，從詐騙寡婦到販毒走私……他有漂亮的汽車、體面的衣服、一棟棟新房子，而且沒有良心不安的問題。」有一天，尼克在打高爾夫球的時候被閃電擊斃，當時大雷雨突然來襲。「他遇見了一位——到現在他還結結巴巴地說——祂是神的光之存有，那位存有慈祥地帶領他經歷了一段生命回顧。」尼克復原後，換了職業。穆迪不說他從事哪一行，但是說他的職業是既誠實又助人的。尼克說：「現在的我始終知道，有一天，我必須再經歷另一次的生命回顧。」[11]

基督教的教義告訴我們，有一天，一定會有最後審判，屆時，我們曾經做過的一切都要被審查。但這則教義沒說的是，每天晚上，當我們睡著時，一位天使會將我們當天的所有行徑記錄下來。今生的任何時間，只要你的靈魂趁著肉身在夜裡熟睡時，旅行到某個天界的靈修區，你就可以回顧一下自己的紀錄。

因此，當我們需要時，生命回顧隨時都在。之所以將這些瀕死經驗賜給人們，就是因為人們不會用任何其他方法做生命回顧。神對瀕死經驗者非常慈悲，讓他們看見自己過去的行為、心念、感覺造成的衝擊，這給了他們改過自新的機會。

瀕死經驗令我驚歎的是，事實上，這些人確實死了，他們被正式宣判死亡了。顯然他們的身體一定有過非常嚴重的症狀，所以神提供了這次經驗——而且，你瞧，他們回來了。他們的心臟再次開始跳動，再次開始呼吸，他們踏上自己的人生路。現在有許多這樣的故事，因此，瀕死經驗似乎成了天使們設法讓人們回歸正軌的主要方法之一。

想想守護天使們的愛與悲憫，當有人經歷瀕死經驗時——可怕的意外事故、閃電、無論什麼事，祂們是那麼的小心翼翼。然後這個人立即被拉回自己的身體內，身體再次開始運作。這是奇蹟。但透過生命回顧造就的開悟奇蹟是最大的奇蹟，為的是說服這些靈魂，讓他們相信，地球上沒有傳教士和老師，能夠成功的傳授給他們的事物。

瀕死經驗告訴我們什麼信息？

瀕死經驗的真正意義是什麼呢？首先，這些經驗讓我們看見，我們不只是自己的物質身體。許多人在理解他們不只是自己的物質身體方面，是沒有問題的，但你會很錯愕，這個世界上居然有許多人認定，他們「就是」自己的身體。

小時候，這總是令我驚訝，怎麼會有人認為他就是他穿著的外套。我一直覺得自己是一個占據這具身體的靈魂，能夠隨心所欲的來來去去。我經歷過高高上升到大氣層中，看著自己的身體沿街而下，走去上班，同時我思量著其他宇宙的層級。

我們必須理解，我們是早於這些身體的靈魂，在沒了身體之後也會繼續存在。身體是載具，我們會一直用到它壞掉為止，就像你的舊車壞了會買一輛新車一樣。關於輪迴轉世，最為複雜的故事莫過於此。你有更多的事可做，不只是今生在這具身體內可以做的事。

你是否曾經感覺到，你不可能在今生完成每一件事？哦，神同意你的想法。也因此，祂為你提供了一輪又一輪的機會。當你厭倦了輪迴，想要更高階的生命之道時，你可以在靈性道路上加速前進。

然而，並不是每一個死後又復活的人都有瀕死經驗。有些人有，有些人沒有。為什麼呢？你之所以雀屏中選，是因為天堂中某一位愛你的存有，想要告訴你，你走錯路了，如果繼續執迷不悟，最後一定會下場悽慘。另一方面，有些人掙得了他們的瀕死經驗，或許需要那次經驗來幫助他們的靈魂進化。那可以提醒他們，他們來到人世間是為了完成某一件事。

每一個人都有存在的理由。如果你不確定自己的理由是什麼，就需要把它找出來。我們的生命中可能還有別的呼召或職業，無論那是什麼，我都可以告訴你，我們存在的理由是去愛、是讓生命自由、是達到與神重新結合。你要如何、何時、為什麼、在哪裡，以及與誰一起完成這事，有待你靠自由意志的恩賜去發現。幸運的是，多數人只要稍加努力，就可以發現自己存在的理由，不需要經歷瀕死經驗。

光是生命回顧足夠嗎？

從瀕死經驗的描述，我們無法得出結論，說我們都會去到「一個更好的地方」。重要的是要體認到，瀕死經驗並不意謂著，我們不需要經歷自己行為的後果。在稱之為死亡的過渡時刻，並沒有突發的更動，沒有奇蹟般的蛻變。當你往生的那一刻，也就是當你看見另一邊的時候。如果你在死亡之前沒有成為聖人的傾向，那麼你也不會突然間變成天堂裡的聖哲。

有過瀕死經驗的某些人，可能會以為，經歷過一次生命回顧，足以補償過去的負面行為。正如我很小的時候父親對我說過的——當時，他看著我，說道：「一切都會回到你身上。」而且他是根據自己的經驗說出那番話，不是因為他是一個虔誠的人。只是看見並理解到他曾經造成的痛苦，一個人就足以蛻變轉化嗎？還是他需要親身體驗那個痛苦呢？瀕死經驗本身並沒有提供足夠的死後生命信息，無法知道我們的行為是否需要在今生或來世贖罪。

僅僅瞥見一眼「實相」，可能會誤以為那是全盤的了悟。

——《西藏瑜伽與祕密教義》（*Tibetan Yoga and Secret Doctrines*）

瀕死經驗中，因一位光之存有散發出全然的愛與接納的臨在，並不能證明，在身體死亡後，既沒有獎賞也沒有補償。實際發生的情況是，你瞬間看見什麼是對的、什麼是錯的。就那位光之存有而言，審判是不需要的。在那個看見、內在知曉的時刻，你現在有一股深切的欲念，想要把事情做對，想要採用建設性方案化解過去。

穆迪分享，在多數的瀕死經驗案例中：「死後生命的獎懲模式被拋棄了、推翻了，就連許多一直習慣用那些術語思考的人們也不例外。他們非常驚訝的發現，就連他們顯然最糟糕、最罪孽的行為，被顯露出來時，光之存有的回應並不是生氣和暴怒，只是帶著諒解，甚至是幽默。」[12]

慈愛而善解的神需要靈魂贖罪嗎？寬恕難道不是瞬間的嗎？甚至是在我們開口要求之前。實際情況是，雖然沒有定罪，但我們還是有必要在生命的每一個部分，平衡自己的債務，然後才能繼續前進。在歷經稱之為死亡的過渡期之後，當你歷經生命回顧時，你將會很清楚你的「業」（karma）是什麼，你必須在人世間履行什麼義務，才能夠從地球的教室畢業。如果你有未竟之事和待學習的功課，則可能需要在某個乙太靈修區停留一陣子，然後再返回到地球，再次化成肉身。「乙太」（ether）這個詞涵蓋了天國的許多界域，我將在後續更完整的描述。在乙太層級的光城和靈修區裡，你可以學習課業，為下一回合的地球之旅做準備。是的，然後你將會再次輪迴轉世。

因此，不需要定罪。這些光之存有從不致力於定罪、生氣或怒斥，祂們處理你的業力實相，而實相就是實際情況。業力送回給你的，恰好是你所送出的。表達在宇宙中的愛，最偉大的莫過於透過神的「業力法則」（law of Karma）。處在我們已然發動的原因的接收端，可以教導我們這個循環的法則，以及對於生命的每一部分，我們自己的作為和不作為，所帶來的後果。業力教導我們去愛、去愛，還是去愛，這是其他程序無法教導或做到的。你無法感覺到你加諸在別人身上的痛苦，除非你親身經歷那個痛。如果沒

有業力法則教導你，你無法培養出慈悲、痛悔、同情、謙遜、悲憫，以及對生命的敏感度。

業力法則其實是愛的法則，教導我們，你要別人怎麼對待你，就怎麼對待別人。業力是為了靈魂的發展，它教導我們償還自己的債務。因為神愛我們，所以祂允許我們的業力返回到我們身上。我們創造了業力，而我們必須把它解除掉。唯有這樣，我們才能夠落實要與父神母神共同創造的理由。

違反規則

有些人問：「如果死後生命是那麼的美麗，為什麼我們不可以直接自殺，那就可以去到那裡了啊？」穆迪博士發現，自殺後有過瀕死經驗的人們，描述了一段不愉快的經驗。他們原本企圖逃脫的衝突矛盾依舊存在。穆迪寫道，一名男子舉槍自殺，因為妻子死去令他消沉沮喪。這名男子死了，但被救了回來。他後來對穆迪表示：「我沒有去到（我的妻子）所在的地方。我去了一個可怕的地方……我立即看到我犯下的錯誤……我心想：『但願我沒做過那件事。』」穆迪說，他不是在做道德審判，而是寫下企圖自殺且體驗到某個不愉快地方的瀕死經驗者，所感受到的：「這是他們『違反規則』的懲罰，因為試圖讓自己提前免除一份實際上該要執行的『任務』，也就是實現某個特定的人生目的。」[13]

我可以告訴你，企圖經由自殺跟隨死去的摯愛的人們，有九九％並不會去到他們的摯愛所在的地方。那是自殺惡魔製造的幻相，嘲弄人們，要他們在實現自己存在的理由之前退出人生。如果覺察到某人可能有自殺傾向，我們需要非常警覺。此外，我們必須對非常激進的思想投射保持警覺，我稱之為「激進的心理暗示」（aggressive mental suggestion）。這可能會在心智軟弱或沉重時轟炸心智，剝削心智，以此說服某人結束自己的生命。

所以，當某人因自殺而死亡時，會發生什麼事呢？只要這人有良好的業力信用，他會直接回來，再次化為肉身，絕不可以讓他感覺到自殺是逃避責任或不快情境的方法。這類自殺的業力結果，可能是立即進入一具新的肉身，成為嬰兒，再次被送回到一系列類似的困難處境，要他們再次面對。那是「如果」這個靈魂應該得到一次立即化為肉身的全新機會。

穆迪說，一名企圖自殺的年輕人，發現自己處在一個類似地獄的地方。曾經企圖自殺的其他人則表示，如果不回到自己的身體內，他們感覺到自己將在一個令人不快的地方停留好一段時間。因自殺而死亡且沒有積累善業的人們，可能會發現自己處在一個極度黑暗的地方，一個令人不快的停滯狀態。當人們沒有以某種方式為生命提供服務從而積攢足夠的光，或是沒有在今生或前世活出美善的人生，這時，沒有他人幫助，他們是不可能擺脫這些暗黑界域的。

我一直將許多時間奉獻給祈求和召喚天使們，前來拯救已離世的靈魂。你也可以學習召喚天使，讓家人和朋友可以在死後去到比較好的地方。天使一定會拯救他們，但離世的靈魂，需要覺知到天使是前來幫助他們的良善存有，他們才不會在天使到來的時候拒絕天使。

卡在較低的界域

某些人在瀕死狀態前往靈界的旅途中，看見了這些令人不快的地方，這些地方的存在顯示，人們死後到的地方，除了光之界域以外，還有其他地方。一名女子向穆迪描述了一個穆迪命名為「迷惘靈界」（a realm of bewildered spirits）的地方。這個界域在星光層中的某個位置，是下降階梯上的那些較低層級之一（你將在第三章中更進一步了解這些層級）。

在穆迪訪談這名女子期間，她表示，這些迷惘的人們「似乎永遠拖著腳走路、四處移動，不知道自己要去哪裡，不知道該跟著誰或尋找什麼……他們會直接開始，然後向左轉，走幾步，又轉回到右邊。而且絕對無事可做。忙著蒐尋，但蒐尋什麼……我不知道。」[14] 這是描述一艘船，沒有方向舵、船長或羅盤。一個人如果沒有神的旨意的愛，在今生或來世必定沒有方向。只有當我們一心一意指向自己的「神臨在」（God Presence）時，才能夠達成自己的短期和長期目標。

這位女子還分享，這些靈「非常的迷惘；不知道他們是誰或他們是什麼。看起來好像完全不知道自己是誰、自己是什麼樣子——壓根兒沒有身分。」[15]如果你允許自己進入這個無方向的狀態，那麼按照地球時間計算，你可能幾個世代或幾個世紀都無法掙脫。

不具肉身的阿飄（discarnate，這些靈魂已經往生，不再擁有物質身體，且停留在物質地球附近的較低層級），使這名女子想起了「我讀過的文章把這描述成幽靈；它們主要是透明類型的東西。那裡似乎有好大批這樣的東西，到處都是。」[16]這些存有儘管想方設法，卻無法與人世間的人們溝通。其中一個存有正試圖對年幼的孩子們說話，也對住在同一間房子裡的一名年長女子說話。這個存有正在「想方設法，要他們做對的事，要改變，才不會像她那樣被冷落。『不要做我做過的事，這事才不會發生在你們身上。為他人做些事，你們才不會像這樣被冷落。』……似乎在這間房子裡沒有愛……似乎她正在設法為自己做過的某事贖罪。」[17]

其他幾位瀕死經驗者，曾經見過困惑的靈處在類似的存在狀態，他們接受穆迪訪談時，都同意若干觀點：那些迷惘的靈似乎被困住了，因為它們「無法放棄自己對物質世界的依戀……它們似乎被某樣特定的物件、人或習性綁住了……這些存有顯得『沉

悶』……他們的意識似乎因某種原因受到限制……」這些靈魂會一直停留在那裡，直到他們解決了將他們拘留在那裡、遲遲沒有解決的問題。[18]就這些案例而言，穆迪正在訪談的人們，在瀕死經驗期間曾經親眼目睹星光層。

我見過許多靈魂在他們的存在的最深層，甚至是在無意識的層次上，一直承受著層層重擔。他們從未真正與神講和。除非你那麼做，否則人生肯定是奮鬥掙扎。我們在自己之內爭鬥，在較低自我與較高自我之間爭戰不已。

靈性方程式

神賜予我們每一個人「神聖的火花」（divine spark），而迷惘的靈就是那些內在的神聖火花已經熄滅的靈體。他們可能好幾生、好幾世完全對神不理不睬。大家開始時都是平等的，我們都得到等量的光。但在沿途的某處，這些迷惘的靈魂把光揮霍掉了，因此沒有可以指引自己的內在方向。那是最悲慘的狀態。

自殺後究竟會發生什麼事，以及關於陷在「迷惘靈界」的人們的描述，重申了業力法則。這些例子讓我們看見，我們在世的行為與死後的目的地之間，存在著因果關係。當我們往生離開人世間的生命時，每一個人都會被分派到星光層或乙太層的某一層級——除非我們成就非凡，可以在今生結束時，立即在揚升儀式中與神重新結合。但是當我們還在人世間的時候，我們可以做許多事，以此提高自己的等級、改善自己的未來，這是我希望你擁有且好好運用的重大關鍵。

因此，透過他人的眼睛和體驗，甚至可能是我們知道有過瀕死經驗的人們，使我們對生與死以及過渡到乙太界有更多一點的了解。但是還有許許多多要好好覺察。

在我向你更詳細的介紹這些天界或乙太層級和星光層級（包括這些層級的作用，以及靈魂被吸引到這些層級的原因）之前，我想要與你分享一段我在電臺訪談一名女子的摘錄，這名女子曾經企圖自殺，且在她經歷過瀕死經驗之後，帶著對生命全新的視角回到人世間。

單是天堂的一瞥便足以確認它的存在，即使再也沒有經歷過。
我強烈懷疑，即使是一個這樣的經驗，也可能有辦法預防自殺……
或許可以預防許多類型的慢性自我毀滅。

——美國心理學家亞伯拉罕・馬斯洛（Abraham Maslow）

到地獄的邊緣再回來

依麗莎白・克雷爾・普弗特，訪談《超越黑暗》（*Beyond the Darkness*）的作者安吉・費尼莫爾（Angie Fenimore）[19]。

依麗莎白・克雷爾・普弗特：今天，我們要探討一位女士描述她驚人的瀕死經驗。我們都聽過故事說，穿越了那層帷幕又回來的人們，要告訴我們天堂是什麼樣子。但是今天，我們的來賓是安吉・費尼莫爾，她的瀕死經驗帶她到地獄邊緣然後又回來。

普弗特：很不可思議吔，你居然復活了，我確信，許多人已經因為你生命中的那個奇蹟而獲益。所以，請告訴我們到底是怎麼一回事。

安吉：我有過一段很悲慘的童年，許多可怕的事情發生在我身上，我有點被塞爆了。我其實完全沒有處理。一直到我結了婚、有了幾個孩子之後，記憶開始浮現，而我苦苦掙扎著。我參加了一個為性侵倖存者設立的支持團體，性侵是發生在我身上的許多事情之一……

對我來說，聽到其他倖存者的故事，使我的痛苦竟然變得更加深刻。我覺得自己的問題與和我交談的其他女性不一樣。我其實開始轉向內在，直接把自己和其他人切割開，有點活在一個不同的現實中。我還是會去雜貨店購物，看看我的朋友，但他們並不知道我的內在是怎麼一回事。我認為沒有人真正了解，連我丈夫也一樣。

我來到了感覺自己無法戰勝這事的地步。我就是辦不到，而且我很害怕，怕我會把這些可怕的特質傳給我的孩子，他們會跟我承受同樣的抑鬱沮喪，何況如果沒有我，他們的情況會比較好。

那是一月的某天，我去了雜貨店，有點像是一家小型便利商店。當時我們住在日本沖繩，這只是一家駐紮基地上的小商店，我甚至懶得換掉運動服。我穿著拖鞋走進去，拿了牛奶，然後回家。我把車開進停車位，但無法讓自己走進屋子裡。我就是辦不到。所以我就離開了。我把車開出來，離開，然後找了一個可以窩起來的地方過夜。第二天，我去看了一場電影、逛街，替自己買了鞋子和衣服，然後在洗手間的水槽裡洗了頭髮。我沒有打電話回家，沒有讓任何人知道我在哪裡。我就是感覺到這股可怕又深切的逃跑需求，而且無論我做什麼，那個需求都不會消失。

當我終於回到家時，對於我害家人經歷的一切，我感到悲痛欲絕。我無法相信自己居然能夠傷他們傷得那麼深。我想，應該是那夜稍晚吧，當人們都上床睡覺的時候，我決定，我不會再讓他們經歷這樣的事了。我割了兩手手腕，吞了一瓶安眠藥，結果吐了出來。於是我就這樣走過去，翻遍藥櫃，把藥櫃裡的每一樣東西都吞了，速度有點慢——只是不斷的吞藥，這樣就不會吐出來，同時在此之前，打發我的小朋友出門到某位鄰居那裡。然後事情就發生在那個時候。

普弗特：那一定是你一生中最深刻的轉捩點，到達地獄的深處，然後再爬上來，活著講述這則故事，讓我們大家都可以理解，如果跟著走這條路，我們可能不會有你所得到的那種救贖。

安吉：發生在我身上的事情是，我曾經有一位繼母，她有過一次瀕死經驗而且跟我分享了那段經驗。但那是在有人談論瀕死經驗之前，所以我不確定到底該不該相信她。但是那件事發生在我很小的時候，在她認識我以前。她告訴我那件事的時候，我大概是十四歲。

她告訴我的是，她向上來到房間的一角（她當時出了車禍），還有她受到光之存有們的歡迎，祂們告訴她，她大限還沒到，她在人世間還有任務，但是她有機會選擇。所以，那就是我躺在沙發上的時候所期望的。我感覺到這股強大的力量——非常、非常強大的能量，強大到我根本無法描述——而且我無法分辨它究竟是在房間裡，還是就在我裡面。

普弗特：在你離開身體之後，發生在你身上的第一件事是什麼？那事讓你有何感覺？

安吉：嗯，因為繼母跟我說過那些話，所以當時我期望從房間上方的角落，看見自己躺在下方的沙發上。於是當我感覺到這股能量將我拉出身體時，我睜開了眼睛。我知道我已經離開了自己的身體。但是當我再睜開眼睛時，我就被拉回身體內。發生了幾次這樣的情況。然後我領悟到，我必須運用意志力才能讓這事發生，那不是一件自然的事，而我必須強迫它發生。所以我非常努力的全神貫注，然後事情就發生在那個時候。

發生在我身上的第一件事情是，我直接進入生命回顧，從我出生的時候開始。我經歷了我的出生，不過是從每一個人的視角——我母親的視角、每一個人的視角。對我來說，那八成是最有趣的事，因為我成年後記得的事情，與生命中真正為我呈現的內容完全不一樣。我看到的是，我的父母親愛我，他們像每一個人一樣掙扎，像每一個人一樣犯錯。

當我的生命回顧結束時，我感覺到某個臨在與我同在；有一個我看不見的東西在那裡陪伴著我，但是當我轉過頭去看，卻被這片黑暗包圍住。那是一個厚重、令人有不祥預感的存在體，不只是缺乏光明，而且有一股非常強大的能量。我環顧四周，看見一排青少年站在我旁邊。我探過去注視他們，心想：「哦，天哪，我們是自殺的人。」我從他們的臉上可以看出，他們是不折不扣的死亡了。沒有希望，沒有生命或能量。從他們的穿著打扮，我可以看出，他們聽的音樂跟我聽過的是同一種，這是一種非常黑暗的音樂，另類的東西。

共同主持人：在你的書裡，你說，音樂在你企圖自殺和他人自殺時，扮演著非常重要的角色。音樂到底有多重要呢？

安吉：噢，在這次經歷之前，我一直被告知且一直相信，我們被音樂告訴我們的內容激勵著。但是我的經歷告訴我（因為並不是每一個跟我當時聽同一類音樂的人都會去自殺），事實並不是那樣。

發生的事情是，每一樣東西都先有某種靈性的創造，然後才有物質的創造，每一樣東西，包括音樂在內。而我們每一個人的內在都有某種程度的黑暗或光明，而且這是不斷變化的。音樂是一種非常、非常強大的工具，可以改變我們內在和居住空間的平衡。我們就是無法始終看得見這樣的黑暗和光明，雖然當我回來時，我可以在人們身上看見這個比例。但是如果我不是始終協調一致，做著我知道自己需要做的每一件事，那麼那份覺知也會離開我，那不是一份被賜予的東西。

不管怎樣，發生事情時，當由神所啟發的音樂被播放出來時，能量改變，光進入那個區域，進入那個空間。於是很可能，為這個音樂帶來靈感的那些靈，乃至光之靈，將會在那裡。當黑暗的音樂播放時，也會發生同樣的情況。那個音樂的靈感是黑暗引發的。當我們演奏音樂時，這些靈聚集，那是一則邀請。

普弗特：你有一個轉捩點，那時候，你看見一個小光點，跟我們說說那件事吧。

安吉：看過那些青少年之後，我被帶到另一個地方，那裡有許多被黑暗充斥的人們。我環顧四周，注視這些人，意識到我聽見了一個這些其他人都聽不見的聲音。我轉頭注意這個聲音從哪裡來。有一股不可思議的力量伴隨著它，而我可以感覺到我周圍的能量說著：「是神，是神。」

他們正在敬拜祂，這些小小的能量微粒。當祂說話時，我可以看見祂從哪裡來，看起來像是一顆星星在那裡。祂說：「這是你真正想要的嗎？」然後祂以驚人的速度朝我靠近，但停在離我一段距離的地方。我當時所在的地方是非常黑暗的。我看得出，祂不能進到這個地方。我不知道，究竟是祂不願意那麼做，還是祂不可以那麼做。

我深感敬畏。我無法相信，但知道這位是神。而且不可思議的是，我從祂那裡得到這份愛的感覺，就好像我是祂的女兒。我一生從來沒有感覺到或理解過那樣的感覺，即使窮盡我曾經有過的一切宗教經驗。我去過許多、許多的教會，感覺自己跟別人不一樣。他們在那裡感到賓至如歸，而我只是被收養的女兒……

我從祂那裡感覺到的是一種無所不包、無所不知的愛。祂愛我，並不是因為我做過的事是對的或好的，祂就是愛我，不管發生什麼事。而且祂知道所有一切。

共同主持人：安吉，許多人認為，他們的生命沒有價值，他們其實不是什麼重要人物。我認為，你試圖要在書中表達的重點之一是，每一個人的生命都是有價值的，你影響著許多、許多的其他人。

安吉：我們做出的每一個小決定，都會產生巨大的影響。我們影響著我們圈子裡的每一個人，那些人又影響著他們圈子裡的人們，然後那些人又影響著其他人。以那樣的方式，我們傳遞這份光明或黑暗的能量，不管是光明或黑暗，都是我們選擇要傳遞下去的，也因此，糾正我們所做的卑鄙勾當或欠考慮的事，就變得非常重要。

第三章

你的死後生命有何選項？

如果天堂裡沒有狗，那麼當我死的時候，我想去狗狗們去的地方。

——威爾・羅傑斯（Will Rogers）

你所做的選擇，往往在你的人生過程中變成某種習性，在你往生離開身體的時候，決定你的去向。你日復一日的決定，影響的不只是你夜裡睡眠期間離開身體後的去向，還包括你死後身在何處。我鼓勵你好好覺察自己在人生旅程中所做的事，也覺察「因」（**cause**）與「果」（**effect**）的本質。

我想告訴你一則故事，說明你認定可能是微不足道的選擇，如何影響了某人的死後生命。有一名女子為我工作，她是個非常難得的女性。她在一次事故中突然往生了。我之前不知道，但從她女兒口中得知，這名女子的祕密弱點是什麼。她女兒告訴我，她是非常出色的母親，她的確是。但她女兒也告訴我，多年來，她和她母親如何共度幾個小時，一起觀賞有老歌和老音樂的老電影，一遍又一遍的播放。

她母親耗費許多精力觀看這些老電影，也因此，她讓自己陷在星光層，因為老電影中刻畫的許多欲念——有許多的仰慕者、墜入愛河、從此過著幸福快樂的生活。這位母親其實是進入了她的「提婆界」（*devachan*，天界的較低層級，一個人往生之後，因善業而在此體驗願望成真），當她還在物質化身的時候，原本可以努力讓自己擺脫這些習慣模式的。

這個甜美的靈魂，在一生的婚姻和子女方面，經歷了莫大的艱難和悲傷。她渴望實現自己的夢想，渴望到讓自己沉浸在老電影和老音樂之中，而且對那類音樂非常依戀。

你可能見過電視上某些廣告將幾十年前的歌曲帶回來。廣告呈現的是，五、六十歲、曾經活在那些年代的人們說道，那是多麼美好啊，坐在那裡聽著所有的老歌，想著所有的老朋友和年少時曾經做過的事，重溫整段經驗。當這些廣告開始播放老歌時，聽眾們瞬間回想起他們在何時、何地，做著什麼事，跟誰在一起。這樣的追憶變得幾乎比明顯的邪惡更危險，因為老歌的影響非常微妙。

有些人不想活在現實中。他們創造了自己的小小幻相世界，將自己與今生的業力挑戰和必須起身完成的事隔開。因為在自己周圍建造了一個不真的世界，他們不把頻率調至當前的課題。他們完全不思考國際間的政治或危機，他們被所吃的東西、透過電視吸收的東西、透過音樂吸收的東西給麻醉了。

不幸的是，這些人如此沉浸在妄想之中，導致他們在往生時並沒有去到天國層級的真正提婆界，反而發現自己身在星光層。而且他們在地球上的生活與在星光層的生活之間，幾乎沒有什麼差別，導致他們幾乎不知道自己死亡的過渡轉換已經發生了。因此，這些看似微不足道的小小選擇，可能很容易變成向下沉淪。

這則故事的結局是，這位母親去世後確實進入了星光層，在那裡待了一段時間。而我，不管怎麼祈禱，都無法讓她被釋放出來。她正在活出她的幻相以及她看過的所有電影夢想。她每晚參加派對，到處都有男性崇拜者圍繞著她。這並不意謂著，她最終不會繼續向前邁進，而是，如果可以避開的話，就沒有必要踏入泥濘的水坑啊！花在人世間消遣娛樂的時間，原本可以用來平衡業力。而花在星光層的時間，原本可以用來取得真正靈性上的進步。

不幸的是，許多靈魂在兩次化身之間並沒有到達天界。他們活在另一邊，就跟活在人世間一樣，沒有更高的志向，深陷在物質欲望中。他們從這些層級投胎轉世，因為上升的高度沒有超過星光層，因此除了粗劣、次要的生存之道，他們不記得任何東西。

欲念推動著所有的存在層級

較小的欲念，可以推動你在死後到一個較低階的存在，在那裡，你可能甚至沒有業力。未實現的欲念將我們帶回到物質化身，帶我們來到可以實現那些欲念的地方。如果無法放棄某個欲念，我們就會一直渴望，直到那個欲念被實現為止。繼續前進的最快速方法就是實現那個欲念，搞定它，看見它的真實樣貌。然後我們可以指望，不必經歷一萬遍同樣的事，才從一系列經驗中學習到，在實現我們擁有的所有人類欲念的過程中，存在著某種程度的徒勞。

但是，有些欲念是上天安排好的。我們可以在靈性之路上享受人生、快樂幸福，有人陪伴，有成就感，有教育、專業、子女、幸福的家庭等等。欲念只有在變得對我們來說比我們的靈性之路更重要時，才會成為無節制的欲望，這是一種微妙的平衡。

如同我曾經說過的，你今生所做的選擇以及你累生累世所做的選擇，決定了當你的靈魂做出所謂死亡的過渡轉換時，你會被分派到哪一個層級。如果你還沒有完成來到人世間所要做的事，你可能無法去到最好的地方。為了達到更高的光的層級，你必須培養心的聖火的靈性動量。做到這點的方法是，聚焦在給出愛，不只是人類的愛，而且是神聖的愛、靈性的愛、以及既滿足人類需求又超越人類需求的慈悲。

在雷蒙・穆迪的著作中描述過的「迷惘的靈」（bewildered spirit），那些被觀察到在星光層四處遊蕩、被稱為「幽靈」的靈體，之所以在那裡，有兩個原因：其一，他們從來沒有培養出神賦予他們的神聖火花。他們只是過著自己的生活，基於歡愉和個人自私的追求。他們並沒有增強自己心中的火焰。因此，當他們到另一邊時，他們的內在沒有聖火可以推動他們到更高的八度（octave）。其二，它們仍舊依戀肉身的歡愉。他們是自己欲念的受害者。

欲念推動著所有的存在層級。你的心就是你的欲念所在之處；你的欲念就是你的心所在的地方。而這決定你將會在什麼地方，今生在這裡的什麼地方，死後又在什麼地方。你是你的欲念的產物，這促使你喜歡某艘汽艇的舷外發動機。如果你渴求繼續體驗人類的生活，但是以某種較高的形式，那就需要平衡你在地球上的業力，如此才有權選擇活在金色的乙太光城之中，而不是活在這個地球的物質層面。承受一些苦難、許多的自律、許多的決心、做著你必須做的事（不管喜不喜歡），在即將到來的永恆中，將會為你帶來絕佳的選項。

地球生命的捕蠅草

即使未來有許多令人興奮的事可以期待，例如，科技和太空探索的進展，你還是需要記住，物質性的實驗可以扎扎實實的永遠進行下去。你可以自己重新化成肉身，永遠的返回到物質生命。但只要你被禁錮在物質層，你擁有的便是被禁錮的限制、被禁錮的必死性、被禁錮的製造悲劇和勝利的潛能。你擁有內建的汰舊功能啊！

你不必為了享受人生的體驗而不斷回到這裡來。物質層是捕蠅器。一旦你進入物質層，便無法擺脫，因為你愈是沉浸其中，就愈喜歡它，而且愈加渴求成為它的一部分。然後欲念賦予幻相的世界愈來愈宏大的現實。這些未實現的欲念可能會變得非常麻煩。它們增加心靈的負擔，可以在我們每一個人內在製造非常深刻的心理問題。

現在，因為你依戀地球的生活，被禁錮在業力和業力製造的欲望裡。而業力引發業力的密度，鈍化了感官和心智，製造無自知之明的毒物——不知道你是誰以及生命的終極目標。無知的業力引發更多的無知，然後你再也找不到路，回不到天國乙太界裡閃閃發亮的光城。

有多少文化，就有多少居所

有多少人，就有多少的天堂和地獄。耶穌告訴我們，在祂的天父的房子裡有許多的居所。聖保羅（Saint Paul）說到第三天堂。但死後生命不只是一個天堂和一個地獄（而且可能是煉獄）的概念，源自於東、西方的許多靈性傳統。

我認識一個在基督裡的人，
他十四年前被提到第三層天上去，
（是帶著身體被提的嗎？我不知道，
是離開了身體嗎？我也不知道，只有神知道。）

——聖保羅，《欽定版聖經》（KJV）

猶太教神祕主義者相信，有七層或更多層的天堂。稱之為「卡巴拉」（Kabbalah）的猶太教神祕體系告訴我們，我們創造了自己的天堂或地獄。猶太教神祕經文《靈光之書》（*Zohar*）更告訴我們，即使義人的作為不同，天堂中還是有榮耀和光輝等級不同的許多居所。

> 我量測了整個地球，它的山脈，以及所有丘陵、田野、樹木、石頭、河流，所有現存的東西我都寫下來了，從陸地到第七層天的高度，以及向下到最低層的地獄，以及審判的地方，以及偌大、開放、正在哭泣的地獄。
>
> ——以諾（Enoch）

第二和第三世紀時，新柏拉圖主義（Neoplatonism）的學生們認為，死後生命有許多的獎賞和懲罰層級。印度教和佛教經文也描述了不同的天堂。印度教常見的一則描述認為，有七層天堂和七層地獄。佛教觀念則認為有二十八層天堂，居下方的二十四層被稱為有形有相的天堂，人們在這裡體驗喜樂和幸福，但仍與物質世界有所牽扯。最高的四層被稱為無形無相世界的天堂，它們是「物質」（Matter）與「精神」（Spirit）交會的地方。

死後生命的八度與維度

世界各地，古往今來，關於死後生命的靈性傳統是令人著迷的，這些傳統證明，死後生命有許多層級並不是一個新的概念。但我們該如何理解並影響自己——最終置身在這些眾多層級中的哪個層級呢？下頁的圖表是你的路線圖，可以想像一下你今生和來世要去到什麼地方。

我有時候把死後生命的不同層級叫做「八度」。這些八度沿階而上，向上加速，或是下降到較低的音符，就像音階中的音符一樣。在音樂中，當你隨著音階上行時，聲波頻率隨之升高。但如果你往上跳躍一整個八度，就會發現你可以在較高的層次重新創造

上、下各三十三個層級 乙太層、物質層、星光層		
精神界（無形無相的涅槃）		
乙太層（天界）		
31-33	有形有相的涅槃	
18	揚升上師們的教導從這個層級發出	
12	兜率天，彌勒佛的淨土	
7	金星上的生命層級	
1-3	提婆界，心願成真的界域	
物質層	十字路口	你可以趁著在人世間的時候，與乙太層或星光層整合
星光層（死後生命的較低層級）		
1-7	幻相界	
8-32	所謂地獄的開始，黑暗逐漸增加至第三十三層	
33	絕對的邪惡與黑暗	

你在較低八度演奏過的音符（do、re、mi等等），只是音符的頻率比較高。

因此，也有光的八度，在比我們所謂的「物質」（Matter）頻率更高的能量層次運作。我們可以將這些八度視為「存在的層面」（plane of existence），它們以不同的能量頻率振動。為了達到這些光的八度，我們只需要提高能量振動的頻率即可——我們將在後續討論這點。此外，也有八度以比物質更低的頻率運作。

這些八度，沒有一個在上方的天空中或下方的地底下，並不像人們過去想的那麼離奇有趣。我們知道，原子和分子主要是由空的空間組成，因此其他八度可以存在我們現在占據的同樣空間裡。我們無法感知到他們，他們也無法感知到我們。今天，物理學家們正在假設其他維度和平行宇宙。當我們解開這些祕密時，可能也就解開了天堂和地獄的祕密。

天界有三十三個層級逐步上升，我稱之為「乙太八度」（etheric octave）。星光層也有三十三個層級逐步下降。我們來仔細看看死後生命的這些層級。

違規與妄想的世界

星光層的頻率比物質層的振動水平低，它是人類集體思維和感覺模式的貯藏庫，包括有意識的和無意識的。雖然星光層的真正目的，是要放大神在我們裡面的純淨心念和感受，但它反而被我們所有的負面感受、情緒和欲念污染了。

因此，星光層是一個幻相的世界，在那裡，事物其實不是看起來的樣子。往生的靈魂可能很容易困陷在這裡，然後找不到出路。在這個世界裡，你的所有惡夢都會成真，而且你無法醒來。

星光層的上幾個層級，與物質地球上的某些地方，沒有太大的差異。去到這個層級的人們可能是好人，但基本上過著自私的生活，對家庭或社區沒有太大的貢獻。在這些層級中，你經常發現大家四處坐著閒聊、打牌，只是在靈性上是停滯不前的。

因此，星光層的第一層是幻相和妄想的層級，這裡的靈魂傾向於某些不是那麼嚴重的違背生命的行為。要擺脫這些層級是比較容易的。你可以把星光層的第一至第七層，視為地獄的邊境或滌罪所。但是從星光層的最初幾層往下走，你會發現那些層級有著比較沉重的業力，在這裡的個體得不到足夠的光，甚至達不到最初階的天界。或許是沒有集中在較高自我，沒有承認某個「至高無上的神」（Supreme Being），沒有彼此相愛的互助感。

上天堂其實與你的宗教教義無關。你可以屬於任何一個宗教，也可以完全沒有宗教信仰，有關係的是你曾經愛過多少。一個人絕不會因為教義而上天堂，一個人上天堂是因為對生命表達出愛，那是純淨的愛，一種不操控、不欺騙，但是單純的渴望幫助他人達成與神合而為一的愛。

信教和不信教的人們，都可能出現在各個星光界，那與他們一直以來的行為有關。物質界的重點在於行為。我們可以整天懷著好心念，那是有幫助的，但我們必須付諸行動才能夠離開物質界。

如果某人太過深入星光層，或許是透過毒品或透過大大影響心智和身體的其他東西，那麼除非地球上的某人召喚大天使麥可，下降到星光層拯救那個靈魂，否則那個靈魂很難脫離星光層。這樣說好了，「太深」是指第八層以下。你若進入這樣的星光層，沒走多遠，就可以感覺到好像在某個地方徒步旅行，突然間，你的右腳陷入深坑或裂縫，然後整個人掉進去。我們無法在星光層學習和成長。在那裡，我們甚至可能被選擇與自己的低階本質融合的靈魂們操縱和攻擊。

地獄的較低界域

死後世界，有些地方與人世間最糟糕的某些地方一樣糟，甚至更糟。從第八級開始，星光層便具有我們所謂的地獄的特徵。當一個靈魂愈來愈深入、愈來愈深入星光層的深處，不同的層級各是一區區業力愈來愈重的靈魂，直至來到死亡和地獄本身的界域為止。在這裡，你可以找到曾經好幾輩子有意識的虐待他人、濫用權力等等的靈魂。

最底層是第三十三層。需要先向下經過許許多多的層級，才能到達這個絕對「邪惡」的地方。在黑暗最低階的靈魂們，曾經造成數百、數千甚至數百萬人死亡，也是許多苦難和痛楚的原因。

請注意，這些個體並沒有被摧毀，即使犯下了危害人類的罪行。但這裡的靈魂們曾經在地球上造成巨大的破壞，因此他們究竟要不要投胎轉世，目前還不確定。以業力贖罪的角度而言，生命要求這些靈魂，經歷他們曾經施加於他人的痛苦。在某種意義上，因為處在星光層的最低階，他們正在努力參透自己的業力。

天堂的開端

既然你對星光界從上到下已有概念，那麼我想要多說一些之前討論瀕死經驗時介紹過的提婆界。我把提婆界看作是乙太八度的最低三個層級。「提婆界」是一個佛教術語，意思是「發光者的住所」（dwelling place of the shining one）。在佛教中，這是主觀的天堂狀態，一個人在物質身體死亡後的兩世之間就住在這裡。

在你的靈魂過渡轉換時，你進入到與自己在世時期相稱的內在層次。在生命回顧之後，你可能會被分派到提婆界的某個層級。在乙太八度的最低層級中，其實有一種靈魂幼稚園的味道。靈魂們在這裡學習宇宙律法的基礎知識，那是他們在人世間的老師們沒有教過的。

在提婆界裡，你可以經驗到在人世生活期間沒有被實現的欲念。這不包括感官肉慾。你的低階本性的感官肉慾，可以說是被留在乙太八度的門口。提婆界是一個將你的惡業暫且擱置的地方。你被允許好好坐下來，體驗自己的善業，或是學習可以為你的下一世好好準備的東西。

在《大善知識信札》（*The Mahatma Letters*）一書中，揚升上師庫圖彌（Master K.H.，或拼作Koot Hoomi或Kuthumi）說提婆界是「**一個狀態……強烈的自我中心**（意謂著與自我交手），在此期間，小我（Ego）收割他在地球上無私的報酬（意謂著接收那個自我應得的報酬）。」但是，如果你具有可以體驗到如此報酬的善業，許多時候你可能會決定不體驗。如果不想把時間花在提婆界的低階乙太八度，你有權選擇繼續前進到更高的八度。較低階的提婆界，是還沒有準備好在更高八度中聆聽教誨的靈魂們前去的地方。

如果人們在死亡時處於高階的意識狀態，就不必在死後到提婆界。他們可能曾直接到靈性學習的地方。他們可以在人稱「揚升上師」（ascended master）的進階靈魂麾下學習，揚升上師是東、西方的聖賢，現在已經從地球的教室畢業，祂們自願成為我們靈性之路上的嚮導和老師（稍後你將會更詳細了解這些揚升上師和祂們靈修的地方）。

儘管佛教徒將提婆界視為人們體驗人間善行回報的地方，但提婆界並不是終極目標。目標是要達到無形無相的涅槃，那是超越提婆界且頻率高於乙太層各個天堂樂園的地方。

高階天界

天界是相當井然有序的。在乙太層第一層級的教室內研習過後，如果你選擇學以致用，就可以畢業進階至上一層級又上一層級。然後你步步高升，愈升愈高。最終，第三十三層是天界的最高八度，然後再進入無形無相的涅槃。

「金星上的生命」（life on Venus）位於第七級的乙太層，在此，進化已經達到更大的光和更大的美，勝過我們在人世間達到的。地球上的人們無法感知到金星上的生命，因為它是處在另一個維度或波長，它是從我們熟知的物質八度進入乙太層之後向上七級。

乙太八度裡有光的城市，這些光城也在地球上，但因為我們的振頻較低，無法將頻率調至那些光城。黃金時代擁有的一切輝煌璀璨，只要是你能夠想到的，都在這些城市裡。在乙太的較高八度中，還是有形相和經驗、文化與文明、家庭和家族。但高階八度裡的生命比人世間的生命，處在更理想的狀態中，而且這裡的居民並不是置身在物質層。他們正在具體化現愛的箴言和神的律法，以及較高自我的要素。

佛教的「兜率天」（Tushita heaven，又稱「淨土」）位於乙太八度的第十二層級。

這是彌勒佛和祂的菩薩弟子們的住所。每一個層級的光芒和振動都逐步增強。一個靈魂必須經歷特定的啟蒙和考驗，才能從一個層級進入到另一個層級。

佛陀從兜率天降臨的版畫圖像

根據大乘佛教教義，一片淨土或佛土，是由某位佛陀主持的靈性境界或天堂。淨土最初的孕育構思是，當一位菩薩出於對有情眾生的慈悲而發願宣誓，在祂達成至高的佛性後，就要建立一片淨土，那裡的條件非常適合達成更大的開悟。因此，菩薩願意放棄涅槃的至福，拯救尚未悟道的眾生。在佛教著作中，這些淨土被描述成美麗的住所，富饒而肥沃，居住著眾神和人類。他們沒有痛苦或原罪，也沒有日常生存的問題。

還有其他乙太層級的天堂，由不同的佛陀主持。下文摘錄自佛教經文，描述另一位佛陀的淨土：「舍利弗，在那個極樂世界，眾生既沒有身體上的痛苦，也沒有精神上的痛苦。那裡的幸福源頭多不勝數。因此，那個世界叫做極樂……那個世界……處處皆有七重行列妙寶欄楯，七重列寶多羅樹，及有七重妙寶羅網。周匝圍繞，四寶莊嚴，亦即，金、銀、綠柱石、水晶，裝飾了那個佛土中特有的優美陣列。」[2] ❶

在《佛教概論》（*A Survey of Buddhism*）一書中，佛教僧侶兼學者的僧護（Sangharakshita）解釋，這個樂園可以被「認為是一種宇宙的僧侶社區，浩瀚廣闊，難以想像，也比在此地人世間的同類機構完美許多。進入到這個屬靈國度的靈體擺脫了惡道。他再也不必害怕重生成為……某個受折磨的存有，他再也不煩惱衣食問題和謀生方法，他只關心如何悟道。」[3]

因為向上移動，所以歷經稱之為死亡的過渡轉換、來到乙太第十八層級的人們一定有許多成就。我在第十八層級接收來自揚升上師和其他光之存有的教誨。這個層級是必要的，確保揚升上師給予我們的教導是精確的。這並不表示我始終在第十八層級，但是當我接收來自揚升上師們的教誨時，我就在那個層級。這些給出教誨、嘉惠人世間的光之靈魂的高靈們，就是居住在這個層級。

有形有相與無形無相的涅槃

從第十九層級升至第三十三層級，你愈來愈接近無形無相的涅槃境界。乙太層的幾個最高層級，叫做有形有相的涅槃。有一個你可以保留自己形相的涅槃，也有一個無形

❶ 譯注：《佛說阿彌陀經》鳩摩羅什譯本原文為：「舍利弗。彼土何故名為極樂。其國眾生。無有眾苦。但受諸樂。故名極樂。又舍利弗。極樂國土。七重欄楯。七重羅網。七重行樹。皆是四寶周匝圍繞。是故彼國名曰極樂。」

無相的涅槃。超越天界的第三十三層級，就是無形無相的涅槃。

如果你要一層級一層級的往上，我想你會看見自己從一個世界到另一個世界。有一種融合交織。隨著你的意識和思維愈來愈高，你將會與更高階的層級融合。而且如果你過著屬靈的生活，每天落實與神交流，例如祈禱、持咒、冥想，那麼你是在平衡自己的業力，同時穿越這些層級，去到愈來愈高的狀態。

業力是最令人分神的東西，讓人無法去到死後世界的更高層級。如果乘氣球升空，你必須輕一點，不可以有許多的沙袋。這些是你的靈魂向上移動的階段。這個觀念始終要領先於這個遊戲，而且始終要知道，如果神今天或明天召喚你的靈魂返回天家，你已經完成了在人世間該做的事，可以在存在的循環中繼續前進。

如果你達到第十個或第二十個八度，就是處在非常高的位置。你能夠在乙太層的靈修區和城市裡，與宇宙存有們、與佛陀們一起加速。你可以在那個乙太八度中度過。然後你可以回來，成為一名偉大的領袖或老師，如果這是你想要做的。你可以從那個乙太層投胎轉世。

靈魂一旦出現，就必須重新進入絕對的物質實體。
但是要走完絕對的物質實體，
他們必須開發一切的完美，
而完美的起點根植在他們裡面；
如果他們沒有在一生中實現這個條件，
就必須開始第二世、第三世等等，
直到他們取得了適合與神重新結合的條件。

——《靈光之書》，卡巴拉經文

我要再說一遍：當你做出稱之為死亡的過渡轉換時，決定你去什麼地方的因素，是你的意識狀態和你一生中的作為。揚帆啟航吧！要謹記這點。當你來到今生的盡頭時，請記住，你必須是你的船艦的船長，揚帆駛向你想要去的地方，和你想要成為的身分。不要讓別人為你完成這事。你需要知道你要去什麼地方，而且必須與你的守護天使和光明軍團一起決定這事。

靈魂的載具

現在我要更詳細的討論靈魂進入提婆界的過程。首先，我們來定義一下靈魂的載具。你有四個相互貫穿滲透的意識載體，我常把這四個載體稱為四個低階身體（lower body）。你擁有你當然看得見的物質身體（physical body），其他三個身體則是你看不見的較大身體。

除了物質身體外，你還有一個情緒體（emotional body），情緒體有時候又稱作欲望體（desire body）或星光體（astral body），可能範圍非常大。我們的感覺從我們自己身上大大延伸出來，影響到人生的每一個部分。如果我們以正向的方式限定能量，我們的愛的感受，可以被整座城市乃至全世界感受到，欲望體往往是最不受控制的身體。

接下來，你有你的心智體（mental body），這是你的心智頭腦（mind）的載具。你那正在思考的心智頭腦是一層外殼，圈住物質身體，並與物質身體相互貫穿滲透。但你的心智頭腦其實是無限智能的延伸。我們每一個人都有插頭接通同一部「中央電腦」，那是神的心智，而且我們每一個人的腦袋中，都有自己的「電腦站」。我們有權使用需要和想要的知識。

你還有一個乙太體（etheric body），是四個身體當中振動最高的身體。乙太體（又名「記憶體（body of memory）」）包含今生和所有前世的全部紀錄，也就是你的一連串身分。它承載著你的生命藍圖——你是依照神的形象打造的且與神相似，但它也承載著你已經創造、關於你自己的較低形象——受到限制的形象。

這四個低階身體，是四個相互貫穿滲透的意識外鞘，它們呈一個單元運作。我們可以同時思考、記憶、感覺，且有身體的感官覺受。我們是完全整合的，儘管有些人比較集中在物質身體，有些人比較集中在情緒體或心智體，而另有些人比較集中在乙太層的較高八度。

在乙太體之外就是我所謂的「星光殼」（astral shell）。星光殼是一層護鞘，充作乙太體、心智體、情緒體和物質身體的外皮。它實際上是複製你的物質自我現在的樣子，而不是你的較高自我盡善盡美的樣子。

靈魂的關鍵時刻

所以現在，我們來細想一下，在稱之為死亡的轉變時刻，你的四個低階身體會發生什麼事。物質身體停止運作，星光殼開始衰敗過程，而人類的靈魂必須決定何去何從。在這個關鍵的時刻，介於物質身體死亡與如果靈魂有

電子腰帶，負面業力記錄的貯藏庫

積德便可以進入菩提界之間，靈魂受到磁力作用，要麼上，要麼下。你在死亡之後發現，自己所在的身體可能是乙太體或情緒體。心智體將會成為你偏愛的不管哪一個身體的副手。不管你占據哪一個身體，包括物質身體在內，你都會永遠帶著你的心智。

三個看不見的身體（乙太、心智、情緒或星光體）的下半部，是動物欲望或激情的活動中心。如果想像一條線，橫切畫過物質身體的中間，你會發現，較低的本性位在乙太體的下半部、欲望體的下半部、心智體的下半部、物質身體的下半部。

較低本性的負面性，往往被吸引到下半部且堆積在那裡，變成沉重的重量。這是負面業力紀錄的貯藏庫，我稱之為「電子腰帶」（*electronic belt*）。它是潛意識和無意識紀錄的所在地。正向紀錄往上升，增加你上方「神臨在」的層級。

如果靈魂活出了大致美好的人生，她❷不會被吸引到電子腰帶中的較低本性，因此可以進入菩提界。如果她確實進入菩提界，她的負面業力就會被暫時封印起來，等她下

---

❷ 男人和女人的「靈魂」（soul）都是陰性的，這與我們的存在的陽性部分（或稱「靈體」〔spirit〕）有關。因此在本書中，靈魂有時候被稱作「她」。

一次化成肉身時再還給她。但如果這個靈魂完全忽略了靈性，她就很危險，容易被自身較低本性中的負面業力所吸引。如果她繼續與這樣的較低本性同在，她就不會被封印起來。這個靈魂可能會被惡靈所支配，可能會被向下吸入到星光層的黑暗旋渦中，迷失一段時間。

讓靈魂從身體中解放出來

死亡之後，不再需要星光殼（乙太體、心智體、情緒體和物質身體的外皮），可以經由火葬（我建議那麼做）以及為摯愛祈禱和召喚，讓星光殼隨著物質身體一起銷毀。因祈禱召喚來的靈性之火與火葬過程中的物質之火，兩相結合，可以讓靈魂從星光殼中解放出來。

若採用傳統埋葬身體的儀式，光還留在身體內，於是靈魂傾向於依附物質身體。然後你還留在世間的親人摯愛緊緊抓住已逝者，繼續尋找他們，希望看見並聽見他們的聲音。朋友和家人有時候去參加降神會接收訊息，他們施加強大的拉力牽絆住這個靈魂，導致靈魂幾乎無法掙脫，無法繼續前進。

我認為，火葬是靈魂最容易擺脫對肉身的情感依戀的方法。火葬也可以幫助家人和摯愛，他們仍要繼續努力參透自己對死者的依戀，且要好好思量這個靈魂正在移動進入天堂八度的光芒中。

二〇一九年三月，《華爾街日報》（*Wall Street Journal*）標題名為「自由形式葬禮」（The Free-Form Funeral）的一篇文章指出，火葬現在是美國最盛行的葬禮。美國國家喪葬承辦人協會（The National Funeral Directors Association）預計，到二〇二五年，火葬會達到六四%。雖然《華爾街日報》將這個現象關聯到皮尤研究中心（Pew Research Center）的一項調查，該調查顯示，表示自己在宗教上「無黨派」的美國人的比例，同時急劇上升，但是一位不從事宗教活動的天主教徒說，她在餐廳舉辦的紀念晚宴和她父親最愛的啤酒，讓她覺得「有些東西不見了」，而且她確實「在某些儀式和葬禮中找到平安」。另一個人勉強接受了丈夫家族的火葬傳統，並將骨灰撒在自家農場的牧草地上，在幾個月後，卻又加辦了一場家庭聚會，為的是在牧草地上種下一棵樹，讓人們可以前來悼念和照料。顯然，無論是否隸屬於某個教會，人們都有強烈的靈性感受。一位喪葬承辦人表示，他在一九九〇年代觀察到轉向火葬的趨勢，且將這個現象歸因於美國人的「個人主義」。[4]

物質身體需要經過火焰，如此，身體的粒子才能夠重新分化、重新充電，再次被用於創造。當然，這也是我們經歷稱之為死亡的轉變的原因。我們穿著的身體已經用舊了、疲憊了，該是身體的所有原子要循環再生的時候了。

在火葬過程中，火不僅熔解物質身體的形態，還清除掉四個低階身體的許多有害記錄。這把物質之火可以影響這些較精微的身體，消除掉部分非常沉重的紀錄和發生過的創傷。

與神接觸的最低層

我們活在與特定的波長或振動相對應的物質身體內。誠如人們所言，我們之所以全都一起聚集在這艘愚人船[5]上，是因為大家都有類似的業力。我們有類似的事情要做。我們每一個人都需要穿著這些身體，才能夠實現自己的神聖計畫，那是一個必要條件，然後我們才能在揚升的儀式中與神重新結合。

一個進化若在比我們今天所在的層級更低階的層級運作，實際上是不可能與「永生的神」（living God）個別接觸的。如果你仔細觀察當今物質地球上進化階級的最低階，你就會領悟到，只要處在任何較低的振動（意

謂著，比較稠密，比較不像人類，比較像動物），實際上並不會自行生出與神接觸的方法。

因此，我們擁有絕佳的機會。儘管我們處在肉身的卑微地位中，置身在隨時間而磨損且面臨許多挑戰的身體內，但我們擁有的莫大恩賜卻是，我們可以透過自己的較高自我建立和維護與神之間活生生的接觸。

我們是否有可能達到其他的進化層級呢？例如，在金星上的層級，那裡的存有比我們更先進，他們已經克服了戰爭，在他們的靈性中心有更大的屬靈之光，他們與自己的較高自我的連繫更緊密。我講的不是科學先進的存有。我講的並不是只因為他們可以乘著飛船到處移動，做著各種科學壯舉的存有。我講的是「靈性上」的晉升，個人在自我主宰（**self-mastery**）方面有所進展，其中最重要的是，我們是具有基督精神的存有。這可以將我們提升到金星生命的層級。如果我們做出正確的選擇，就可以在地球上過著那個層級的生活。對你來說，那聽起來遙不可及嗎？

物質層是十字路口

物質層的經驗範圍非常狹窄。當你想到我們能夠看見和體驗到的東西時，就一定會領悟到那是非常狹窄的。我們的肉眼只能看到可見光的光譜。在物質層中，我們看得見的東西的上方和下方都有許多東西。從表意識心智（conscious mind）的層次開始，振動向上提升，就是乙太層。頻率低於物質層的是星光層，乙太層和星光層的整合是透過物質層。

關於生活在物質層中，你需要知道的是，這三層（乙太層、星光層、物質層）是重疊的。如果你馬上具備成為靈性高手的能力，你可以站在這個房間內，置身在你現在穿著的同一具身體裡，但卻全然有意識的覺知到更高的八度。你可以生活和移動，讓你的存在是在光的界域裡。另一方面，如果你專注於黑暗，也可以趁著在物質身體內的時候與星光層整合。

當你走過地球上的城市、走過地鐵、走過不同的地區時，如果可以感知到人們的氣場和振動且對其敏感，你就可以感應到那些攜帶著光且與更高的存在層級融為一體的人們。你也可以感應到那些振動頻率低的人們。好好想一想這點，仔細看一看你的世界。請記住，星光層已經變成了全人類的負面念頭和情緒堆疊，且堆積時間已經久到那裡就像是一片污染充斥的海洋。也因此，星光層不是你想要居住的地方。

當今世界上，許多人已經與較低的星光層融為一體。他們生活在物質世界的星光層中，清醒狀態和睡眠狀態中所做的一切，都是在這些較低的振動當中進行。有時候，這現象透過毒品、酒精或各種其他看似無辜的成癮而發生，陷在其中的人，變得無法保有靈性之光或屬靈的火焰。這對我們的青年人、我們的國家以及全世界的人們來說，都是一種危險，包括人們患有的各種成癮症，以及他們吸入的各種化學物質。然後還有低頻的振動，專門致力於惡意怨恨以及讓他人的日子不好過。

如果你覺得自己正在陷入星光層，可能是因為你一直與傾向於特定興趣和各種追求的人們交往。你八成可以製作一份清單，列出降低你的振動的事物類型。如果你與已經融入星光層的人們有關聯，對方一定會把你向下扯，除非你極度堅強且可以將對方往上提。但是許多處在星光層的人們，對於被向上提是不感興趣的。他們只想把你向下扯，因為他們喜歡與你為伴。畢竟，你可能擁有他們可以利用的光，因為他們斷離了自己的較高自我，沒有任何來源可以提供光。

仔細看一看生活中與你息息相關的人們，無論是朋友、同事或是社交上偶有接觸的人。要確保，多半時候聚焦在星光層的任何人，不會因為你對他們敞開，便耗盡你的光。許多居住在星光層的人們，並不想去到其他地方，因為他們在那裡是非常舒服的。

因此，物質層是十字路口。只要你是處在人世間的物質化身中，就可以下決心做出澈底的改變，可以讓自己擺脫這些較低頻的星光層振動。然後你可以進入到你的較高自我的振動。

進入黃金時代

佛教徒希望重新誕生在兜率天，親自接受宗師的教誨。但是當我們還在這個物質身體內的時候，就有可能經驗到光的最高八度。我們可以達到三摩地（samadhi）或涅槃（nirvana），也可以進入現在正在乙太八度中進展的黃金時代（golden ages）。如果我們選擇讓自己具有那樣的資格，就可以存在於兜率天的「意識」之中，那是彌勒指導祂的菩薩們的地方。但你達不到這個目標，除非你已經被彌勒佛接納且得到彌勒佛點化。

如果你研究過佛教歷史的元素，請記住，彌勒與我們的關係並不是過去的菩薩或未來的佛陀。祂是一位非常臨在的靈性大師，擁有全然的佛性，這點對我們來說，意義非凡。事實上，彌勒自西元前五三一年升天那一刻開始，就一直是佛陀。

因此，在佛陀們的光輝之中，我們可以宣稱彌勒佛與我們同在的真相，且肯定的表明：「我的老師、我的朋友，彌勒，活在我裡面，而且『我是』在哪裡，『我是』祂的代表。」當你說「我是」（I AM）的時候，你指的是在你之內的神，這是神置放在你的心中的神聖火花。於是你可以成為行動中的彌勒，在你的日常生活中，也在你為生命提供服務時。

或者，你也可以從容的說：「我的老師，我的朋友，耶穌，活在我裡面，而且『我是』在哪裡，『我是』祂的代表。」當你詢問：「耶穌會做什麼事呢？」且努力活出耶穌的標準，那個原理就等同於師徒關係。

彌勒的忠實信徒們知道，親自與彌勒接觸，將會加快自己在菩薩道上的速度。雖然渴求重新誕生在兜率天是合理的目標，但那也可以算是拖延。這情況也發生在基督教

耶穌基督

彌勒

和其他靈性傳統中。除非你了解得更透澈，否則這個與耶穌、彌勒、聖徒們和靈性導師們，同在某個未來樂園的夢想，可能會促使你昏昏欲睡，而不是說：「我可以認識我的老師、我的靈性上師，就在此時此地，就在我今天所在的地方。再者，我的靈魂可以上升至乙太層和我自己的較高自我意識，在那裡，我可以面對面的見到我的老師！」

無法在此時此地肯定的表明這個可能性，等於是配合人類——基於不管什麼原因拖延與靈性導師美好相遇的傾向。而且這個傾向跟隨著我們，或是我們跟隨著它，遍及全世界的宗教。我們傾向於延緩這個相遇，不是因為宗教教義，而是因為個人的心理狀態。

神在我之內

你可以自發的設計自己的正向肯定語句，以此立即將自己的意識提升到乙太層級。用心中的所有熱情說出你的肯定語句。以「我是」這個稱號開始你的光之肯定語句，意思是「在我裡面的神是」。

舉個例子，你可以早上起床說：「『我是』神子！『我是』充滿喜悅的！今天『我是』行動中的愛！『我是』主動征服我的這一天！『我是』感恩自己人生中的豐盛！」你可以繼續肯定的表明神在你之內（記得神是能量），將會顯化成你渴望達成的一切，包括將更多一點的天堂帶到人世間。

你可以立即肯定的表明，你的人生是神勝利成功的顯現。看到你自己坐在白光構成的光球中，嘗試聲音宏量的說出下述這一段：[6]

我是光

我是光，發光發熱的光，
散發輻射的光，得到強化的光。
神銷毀我的黑暗，
將它轉化成光明。
今天，「我是」中央太陽的一個焦點。
流經我的是一條水晶河，
一座生氣盎然的光之噴泉，
可能永遠不會被
人類的心念和感覺限定。
「我是」神性的前哨站。
曾經利用我的黑暗
被強大的「我是」光河吞噬了。
「我是」，「我是」，「我是」光；

我活著，我活著，我活在光之中。
「我是」光的最大維度；
「我是」光的最純淨意念。
「我是」光，光，光
淹沒我去到的每一個世界，
祝福著，強化著，傳達著
天堂之國的目的。

這套正向肯定語句，可以是個人改變的煉金術，那樣的改變是你從不曾相信或夢想過會發生在你的世界的。神在你之內是肯定語句，是說出神的話，也是實現神的「道」（Word）。要感覺神透過你發出這些肯定語句，彷彿神將自己的一部分，化為鵝卵石掉落到你的存在的池塘中，於是漣漪以同心圓從你向外散發。當它們到達池塘邊的時候，又返回到中心，而且返回到中心就像是神的回音。當神的聲音從你發出時，必會返回到你身上，帶著那份實現的成就感和那份無上的喜樂，欣喜於此地此時活在地球上，活在你心中的神的火焰裡。

有時候，人們覺得，耶穌基督或釋迦牟尼佛神祕難解，遠非自己的能力所及。或許他們覺得自己的教育程度不足以理解。如果你認為自己是這些人當中的一員，或是如果你覺得自己沒有理解的能力，請消滅這樣的想法。神活在你裡面，神的心智就在你裡面。神的心智必會敞開，為的是回應你的祈禱，且因為你發出神的「道」，從而與神的意識流一同流動。

如果沒有這套與生俱來理解，和知道返回天家之路的公式，你能想像神會創造我們嗎？我只能提醒你，神已經把偉大的真理寶庫置放在你裡面。

趁睡眠時靈修

你可以趁還在人世間的物質身體裡的時候，就活在某個乙太層級，你也可以在轉換到稱之為死亡的過渡期之後，瞄準更高的層級。對某些人的靈魂進化來說，提婆界的經驗可能是必要的。但對於認真踏在靈魂與神重新結合的路上的人們來說，這並不是兩點之間的最短距離。最好的去處是天界更高階的乙太層級，在那裡，你可以與揚升上師們在一起，從你過渡到死亡的那一刻開始，就在祂們的靈修區向祂們學習。

當你夜裡躺下身來休息時，也可以透過靈魂旅行在靈修區學習。我寫過一本書，叫做《七道聖光的守護者》（*Lords of the Seven Rays*），書中描述這些靈性大師和祂們的靈修區，讓你了解每一位揚升上師教導些什麼（見文末附錄一，有一份圖表更詳細的描述這七位揚升上師）。你可以請求大天使麥可，在你夜裡睡著時帶你去這些靈修區。

乙太體是你的靈魂，在睡眠期間旅遊到更高層級的載具，只要你有足夠到達那裡的光動量。並不是每一個人都可以到達那個層級，如果你與我們之前討論過的較低意識狀態糾纏牽扯，那麼你在睡覺時就不會被吸引到乙太層，反而會被吸引到星光層。雖然晚上做不好的夢，可能是受到你自己的潛意識和胃酸的影響，但也可能表示，你的意識狀態有好些等同於星光層。假使情況如此，你會是靠情緒體而不是乙太體在旅行。這就是那兩種體驗之間的差異。同樣地，有瀕死經驗的人們，可能靠乙太體離開身體，也可能靠情緒體離開身體。

為了確保你可以抵達那些靈修區，你需要提升自己的意識，而且需要保護。你可以請求大天使麥可，在你的身體睡覺時封印並保護你，同時請求祂的藍光天使們，護送你往返這些靈修區。你也可能希望有一張圖片，顯示你選擇的靈性大師，或是這位大師的乙太靈修場所的地理位置，讓你可以在就寢前對著圖片靜心冥想。

在揚升上師麾下接受輔導，是一個有價值的目標，這些上師們已經實現了自己存在的理由，且與神重新結合。但上師們需要我們建立起一座橋梁，從我們的世界涌到祂們的靈修區。我們建立起那座橋梁，透過服務於祂們的目標，也就是和平與解放所有的靈魂。祂們要求我們為生命提供服務，要求我們透過祈禱、冥想和持咒盡心奉獻。我們將自己的能量聚焦在奉獻上，建造一條光繩，藉此與那個乙太八度保持強力的聯繫，且因此讓師生關係的各扇大門保持敞開。正如俗話說的：「當學生準備就緒，老師就會出現。」

此外，這些奉獻，將會使你與你的「較高自我」和你的「神臨在」保持聯繫（這兩者都不會下降到這個物質層）。我們必須將意識提升到那個乙太層，才能與兩者合而為一。何況如果想要與揚升上師們交流，我們就必須在那個乙太八度中營造自己的居所，即使我們是行走在地球上的物質層。

你可能會先造訪那些靈修區一段時間，然後才會在清醒時憶起在那裡的某段經驗。假使情況如此，請不要擔心。你可能帶著某種提示、某種感覺回來，或是某種內在的方向，在不明白提示從何而來的情況下，指引你在人生中做出決定。與上師們一起在乙太層的靈修經驗和服務，也可能以回想起某段特別生動的夢境的形式，出現於你的外在覺知中。

乙太界的城市

夜裡睡覺時，如果你有到靈修區，那麼當你往生時，你的靈魂可能比較容易被吸引到——乙太層中坐落在地球上不同位置的大型光城。在這些乙太城市中，我們發現正準備要化成肉身的個體，他們必須等待適當的時機，等待出生的大門敞開，才可以再次投胎，在有形有相的世界實現自己的天命。這些等待中的靈魂們生活、工作和服務的情境與他們在人世間的情境沒什麼兩樣，唯一例外的是，乙太城市保有物質層期望在黃金時代達成的模式。乙太層有修習性靈的大學、光的聖殿，以及我們在人世間熟知的住家。

那裡有供大家禮拜、療癒、祈請和淨化的寺廟聖殿，有理想的政府、教育、藝術和音樂形式。

兩世之間在這些城市裡度過的那些靈魂們，在他們的來世有重大的價值要貢獻。帶著理想主義的火焰，進入下一次化身的人們，之所以有所貢獻，是由於他們記得在這些乙太層的光之住家中生活（或許生活了幾個世紀）所經驗到的喜樂和幸福。他們「拖曳著榮耀的雲霞」到來，寄望能在這個綠色地球上的某個地方，重新創建他們在較高八度中已經熟知的美麗與和平。

乙太城市讓我們看見地球上之前的黃金時代是什麼樣子，以及世界可以在未來的黃金時代再次變成什麼樣子。造訪過乙太城市的靈魂們，有極高的比例試圖在返回到地球時，帶來這些城市的某些面向。住在這些城市中且花時間在上師們的靈修區研習的靈魂們，都得到了絕佳的訓練和準備。

我們需要在地球上建立高等教育的機構和設施，讓即將到來的靈魂們，可以發揚他們在較高八度習得的一切。我們就是需要這樣的做法，才能夠更接近黃金時代。

第四章
阿飄的危險性

他卡住了。事實就是這樣。他介於兩個世界之間……

有時候會發生這樣的事，那個靈被很快的猛拉出去，

造成靈的本質仍舊覺得，在人間還有工作要做。

——電影《第六感生死戀》（*Ghost*）中

奧德美．布朗（Oda Mae Brown）一角

我認為，非常重要的是，你要了解「不具肉身的阿飄」在人世間的處境、我們有可能因他們而受傷，以及你可以採取什麼措施。阿飄存在體（discarnate entity）有時候也被稱作「無形體的靈」（disembodied spirit）。他們是由經歷過所謂死亡轉變的人們的人格意識構成，而那樣的意識透過星光體、心智體或乙太體表達它自己。如同我之前指出過的，不具肉身的阿飄，就是穆迪博士所說的「迷惘的靈」。

且讓我們簡短的複習一下，在介紹「不具肉身的阿飄」這個主題時，你所了解到的內容。當一個人往生且尚未取得留在天界（那是生命的目標）的權利時，他們必須準備再次返回化身裡，或是換句話說，準備投胎轉世。比較先進的靈魂，在兩世之間被帶到乙太靈修區，進一步培養他們現有的才華，同時取得為未來服務的新才能。並不是每一個往生後穿越所謂死亡轉變的靈魂，都可以抵達這些乙太教室，許多被卡在星光層，在那裡，他們的能量與有形體和無形體的靈魂們糾纏牽扯，而這些靈魂帶著人類振動的最低共同特性。

有些靈魂在死後欠缺必要的靈性動量，無法推升至乙太八度，於是可能會徘徊在他們熟悉的老地方，它們大部分時候無法與留在世上的親人摯愛溝通。對不具肉身的阿飄來說，這是極其洩氣挫敗的，尤其是在他們沒有覺察到自己已經死亡的時候。他們完全意識得到周圍的物質世界，可以穿梭在活人之間，但是他們沒有被注意到，而且幾乎是完全被忽略，除非他們可以緊緊纏住活人的感覺世界，藉此間接影響仍具有物質身體的個人。

有些靈魂的業力太過沉重，因此直接從星光層轉世。他們哪裡也沒去，在靈性上沒有提升。他們基本上是以原來的狀態回到人世間，帶著同樣的習性、同樣的欲念、同樣的動量。

你可以明白為什麼我一直說，為家族中往生的親人祈禱非常重要，這樣他們才會被帶到可以前往的最高界域。進步的希望在靈修區。因此，我懷著深切的慈悲和渴望，希望看見這個教導傳播得又遠又廣，讓人們可以了解這些靈修區，在往生之前做好準備。

我們知道，對每一個人來說，有一件事是確定的（不只是大家都要報稅喔），就是，稱之為死亡的過渡轉換本身。那個過渡轉換，可以在最崇高的光之下完成，也可以是一段非常不愉快的經歷。

電影《第六感生死戀》中的阿飄

電影《第六感生死戀》[1]非常寫實的描繪了死亡過程，以及在那個過渡期，靈魂如何脫離肉身。故事描述一位紐約銀行家山姆．惠特（Sam Wheat）被一名搶劫犯殺死。山姆領悟到自己死了，又發現自己是被謀殺的，於是他跟蹤殺死他的搶劫犯。山姆最終得知，他的事業夥伴卡爾（Carl）僱用了那名搶劫犯，而且正追求山姆的女友茉莉．詹森（Molly Jenson）。現在是阿飄的山姆，致力於保護茉莉和破案。電影末尾，山姆成功的確保了茉莉的安全，且將卡爾和搶劫犯繩之以法，然後他的靈逐漸融入光，想必是上天堂去了。

這部電影描述了許多死後生活的樣貌，我希望為讀者更詳細的檢查一下。首先，這部電影顯示，人們在死後可能是迷惘的、沒有方向的。剛死的人往往停留在星光層，在生前的家中或附近，而且很難四處移動。所有這些都是千真萬確的。聽到這裡，你可能會相當震驚，但今天，地球上有數十億個阿飄，他們不在死後該在的層級。在每天有許多人死亡的大城市中，這情況尤其真實。

山姆的死發生在他和茉莉晚上看完戲劇後走路回家時遭到襲擊，山姆與攻擊者搏鬥，試圖保護茉莉，在這時遭到槍殺，然後我們看見他猛追著忙著逃跑的攻擊者。當他轉身查看茉莉怎麼了的時候，才明白自己的身體躺在地上，在茉莉的懷裡，而茉莉尖叫著求救。茉莉大聲喊著他的名字，要求他回應，但他無法回應。山姆看著救護車到來，把他的身體送到醫院，於是他慢慢領悟到自己死了。

你可能會以為，死亡是瞬間的覺知。但我見過在事故現場的人們，突發事故發生在各個年齡層的人們身上，他們試圖再回到自己的物質身體內，或是一直停留在事故現場，設法釐清到底發生了什麼事，或是努力發動汽車。他們會停留在現場，完全處在心智迷惘的狀態，無法導航。他們沒有意識到已經與自己的肉身分離了。有時候，需要幾天、幾週或是更長的時間，人們才真正認清自己已經完成了死亡的過渡轉換。

山姆跟著他的肉身去到醫院，目瞪口呆的坐在候診室的一張椅子上，聽著茉莉被告知沒有希望了。另一位阿飄坐在山姆旁邊，解釋著其他奄奄一息的人們當時的狀況。如果你是千里眼，這是你可能會看見的典型情境。死後頭幾天，山姆待在自己的公寓裡，他無法穿門而過，除非有人開門。

山姆參加了自己的葬禮。人們通常真的蒞臨現場，參加自己的葬禮，這幾乎是必要的過程，就好像，有必要讓還活著的親人摯愛體認到，人世間有一個終結，有一場告別。山姆參加自己的葬禮時，他很震驚，居然看見墓地另一頭有一名女子正在向他揮手。但隨後，女子穿過一座墓碑，於是山姆明白，女子也處在死人的國度。

在自己公寓裡的山姆設法與茉莉溝通，但是徒勞無功。他設法觸碰茉莉，但茉莉卻直接穿過他。那次之後，他就坐在窗台上或角落裡，像個被遺棄的孩子，無法讓自己的聲音被聽見。這感受很像在星光層突然發現自己沒有肉身，而且不了解到底是怎麼一回事。

拖走惡靈

這部電影指出，人們死後，如果生前大致是善良的，就會被帶到某個有光和善靈的地方，但如果他們向來邪惡，就會被暗黑靈帶走。如果他們認為自己還有事待完成，或是依戀親人摯愛和周遭環境，那麼有些人可能會選擇留在人世間，成為阿飄。這個觀念基本上是正確的，但也有一些錯誤。我將會舉例說明這部電影怎麼表現，然後再好好解釋一下。

山姆死去的時候，他抬頭仰望天空，看見閃爍的光在他的頭頂上方停留了片刻。他似乎知道這是他應該要去的地方，也聽見上天堂的召喚。但是他還沒有準備好離開茉莉，茉莉正在懇求他不要離開她。山姆做出了自願留下的決定，然後那些光消失。這情況確實會發生。天使們絕對服從自由意志，把你留在你想在的地方。我見識到這樣的情況一次又一次的發生，天使出現，要把靈魂帶到更高的八度，但有些人拒絕了。

在山姆成功保護了茉莉之後，他準備好要被帶到他應該要去的地方，於是閃爍的光再次出現好一陣子。當這些光臨在的時候，茉莉第一次聽見山姆的聲音，山姆的身影逐漸出現在她面前，周圍有光包圍。然後奧德美告訴山姆：「祂們在等你。」山姆猶豫了一下，他看著茉莉，對她說：「太奇妙了，茉莉。內在的愛，永遠與你同在。」然後他轉身離開，融入光的國度。

在《第六感生死戀》的某一段，山姆觀察到急診室裡一名男子奄奄一息，而閃爍的光降臨，立即將男子的靈帶到天上去。其他阿飄，例如，山姆在地下鐵遇見的男了，則是無限期的待在熟悉的地方。但並不是每一個靈都可以選擇留下來。當卡爾和他僱用的搶劫犯死亡時，並沒有閃爍的光前來迎接他們，而是咆哮、尖叫的惡魔從地上冒出來，將他們拖走，大概是拖到地獄的國度。

這個畫面並不是完全準確的。我的觀察是，大天使麥可的軍團到來，強行捆綁了犯下大惡的靈魂，使他們無法進一步為非作歹。然後，天使們將這些靈魂發配到星光層的三十三層級之一。

但是很可能有惡靈在附近，渴望將那些他們認為屬於他們的靈帶到星光層。在某些案例中，已將自己的生命獻給邪惡的人們，可能會在往生之後繼續遊蕩、傷害他人、為非作歹。這些阿飄是致命的，因為他們嫻熟邪魔歪道。他們可以引發火災，可以導致死亡發生。但是為了回應我們的祈禱和召喚，這些危險的阿飄可以被捆綁並帶走，讓他們無法危害他人。因此，你可以想像，有許許多多可能的情節，因為有許多不同的靈魂。

遊蕩的喧鬧鬼

在電影《第六感生死戀》中，有些阿飄有能耐移動物質界的物體。在山姆追捕兇手的時候，他在地鐵車廂上遇見一位高大而嚇人的阿飄。這個阿飄把他抬起來，扔出車廂，告訴他不要再進到他的地盤。為了嚇唬山姆，這個阿飄砸碎了地鐵的一面窗戶。他已是技術嫻熟、懂得操縱物質界的物體。

後來，山姆找到那位地鐵阿飄，要求地鐵阿飄教他如何移動物體。當山姆嘗試移動物質界的東西時，地鐵阿飄提醒他：「孩子啊，你現在沒有身體了。現在全靠這裡。」地鐵阿飄指著自己的腦袋。「如果想要移動什麼，你必須靠心智移動。你必須專注聚焦。你必須帶著你所有的情緒、所有的憤怒、所有的愛、所有的恨，把這一切往下壓到胃的底部，然後讓它像反應器一樣爆炸。」地鐵阿飄示範說明，強行將地上的一只罐子「踢」飛。

山姆費盡心力，將擁有的一切能量集中聚焦，終於成功學會如何移動物體。他花時間練習踢罐子和移動其他物體。整部電影中，他關掉爐火、關門、在電腦上打字。為了說服茱莉他真的是山姆，他甚至把一分硬幣靠著門往上推，然後用一根手指頭把硬幣遞給茱莉。茱莉看見那枚一分硬幣飄過空中，飄到她手上。後來，為了保護茱莉，山姆甚至有能力毆打且擊倒曾經殺死他的男子。

有許多靈異現象的例子，均可追溯到被稱為「喧鬧鬼」（**poltergeist**）的阿飄。這類現象的實例包括，椅子自動搖晃、有聲音在說話，以及發生在鬼屋裡的事情。這是阿飄四處遊蕩的天性。他們可能會或可能不會移動物質界的物體，但他們當然不是百毒不侵的，他們需要被天使帶到他們該去的地方。也因此，為地球清除這些阿飄的祈禱和召喚，是那麼的重要。

我給讀者的忠告是，不要對死亡或我描述過的任何事物著迷。只要學習如何完成屬靈的工作，讓這些東西不需要成為你、你的家庭、你的辦公室，或是你逗留暫住或消磨時間的不管哪個地方的一部分。

渴求從前的歡愉

電影《第六感生死戀》還表現不具肉身的阿飄，渴求身為人形時享受過的歡愉。地鐵阿飄在訓練山姆的時候，踢壞了香菸自動販賣機的玻璃。他跪下來，盯著地上的一包包香菸，說道：「我願意不惜一切吸幾口菸，吸幾口就好。」但是當然，他沒辦法吸菸，因為他沒有物質身體。

這是千真萬確的，而且是一個非常重要、該要講出來的故事。阿飄存在體，渴求失去物質肉身之前所沉迷的感官享樂，因此他們讓自己依附於世間的人們，以求用同感的方式間接體驗人生。吸引力法則（law of attraction，同類相吸）支配著這些阿飄存在體的活動，他們被類似振動的能量池所吸引。

好好想想吧。自哀自憐的存在體，被自哀自憐的人們所吸引，諸如此類，包括任何你想要點出名稱的人類振動。如果你處在某種特定的負面振動或意識狀態，就會吸引處在同樣狀態的阿飄。但如果你周圍有光保護，你就不會吸引到阿飄，反而會吸引到天使們和較高的存有。吸引力法則是一件嚴肃的事，也因此，你需要留意自己的意識狀態。

阿飄存在體不得不移動，與漫遊在星光界的其他不當能量體融合，直到他們在志同道合的化身個體的氣場中，找到庇護所。

完全不做任何靈性修練的人，通常身旁都有某種與自己非常類似的存在體，相似到當事人甚至無法分辨那個存在體就在旁邊。他們想當然耳的以為，那個阿飄的想法和感受是他們自己的。這可能一部分是因為，他們的想法和感受，反映出跟他們非常相像的阿飄存在體的想法和感受。再次強調，同類相吸。

很少有人可以擺脫阿飄存在體的影響。如果我們想要改變某個習性或癮頭，或許已經在我們身邊待了一

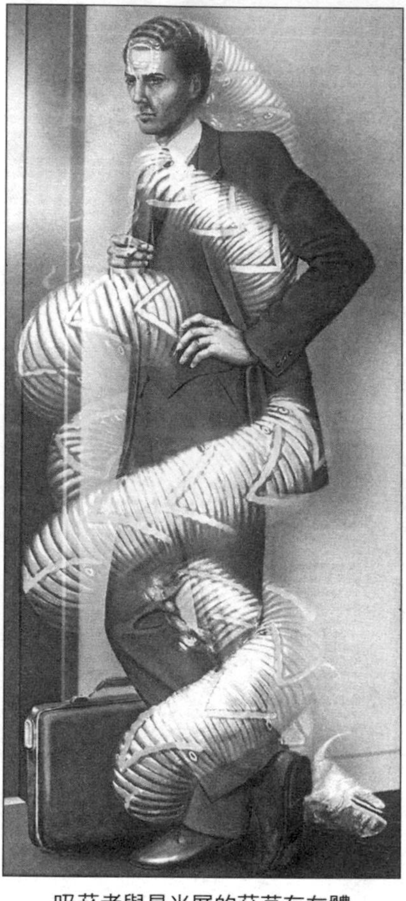

吸菸者與星光層的菸草存在體

輩子以上的阿飄存在體，曾覺得受到威脅。因此，習慣於吸取我們的光的阿飄存在體，不會仁慈對待我們要在下半輩子擺脫他們的決定。

習性與成癮新解

仔細想想沉迷於例如酒精、菸草、毒品或過多糖分的人們。星光層的存在體，被在物質層上與它們有類似習慣模式的人們所吸引。吸毒者聚集的酒吧和巢穴，擠滿了阿飄，他們讓自己依附著吸食這些物質的人們。有時候，多達五十至一百個存在體依附著一個人，就好像水蛭依附在抽菸或吸毒的一個人身上。這些阿飄存在體讓自己依附一個有肉身的人，藉此體驗到吸那根菸、喝那杯酒、吸食那樣的古柯鹼，或是諸如此類的事。

為了體驗這些快感，阿飄們鉤住有物質肉身的人們，位置在顱骨基部和身體的上半脊椎。藉此鎖住化身為人者的中樞神經系統中，共鳴的享受著他們習以為常的歡愉。這樣的轉換之所以發生，是透過交感神經系統，讓阿飄的星光體與有肉身的個人的星光體和物質身體融合。

一個人對酒精或其他有害物質的渴望，可以因為阿飄們的渴望，而增加成原本的一千倍。我剛剛給了你們一個成癮的新定義。人們發現不可能戒菸、戒酒、戒掉嗜糖的習慣、戒掉吸毒的習慣、停止完全沒有節制的性交習慣（即使知道自己可能會死），全都是因為這些阿飄存在體緊緊纏住他們。阿飄會誠懇催促人們，唆使他們投入這些阿飄們酷愛的癮頭和習慣。

這類阿飄存在體的行為，大大加劇了成癮問題。一個人不僅必須對抗自己的渴望，而且必須對抗鎖定他的一整群阿飄的渴望。舉例來說，某人本身可能不僅被海洛因或鴉片類藥物奴役，也被強大的星光勢力所奴役。有些惡魔和墮落的天使，專門引誘各個年齡層的人們，吸食海洛因且沉迷成癮。當然，地球上其他類型的毒品也是如此。

因此，當你為自己或別人祈禱時，你需要召喚大天使麥可前來綁住所有有能力糾纏人類的惡魔和阿飄。這類存在體可以纏住一個人並接管他的人生。人們可能會覺得，除非每兩小時可以走出去吸個菸，或是沉溺於自己的不管哪一種癮頭，否則就活不下去。他們想要停下來，但卻停不下來。

如果你堅決的召喚大天使麥可前來幫忙和介入，你會對可能發生的奇蹟大感驚訝：一個人可以立即擺脫這些有害物質，因為光的軍團移除掉那些存在體。當你不受存在體的束縛時，你唯一需要處理的是你自己的欲念，因此可以比較輕易的針對那點下功夫。

與另一邊溝通

繼續分析《第六感生死戀》，我們看見山姆必須靠自己解決那樁謀殺案。茉莉認識兇手，但並不懷疑他，因為她和山姆都是兇手的朋友。山姆擔心謀殺自己的兇手現在會謀殺茉莉，因為茉莉就快發現卡爾為毒品販子洗錢一事。

為了與茉莉溝通，山姆去找一位靈媒。靈媒奧德美．布朗由琥碧．戈珀（Whoopi Goldberg）飾演，那是非常幽默的一幕。山姆希望奧德美幫忙他警告茉莉。起初奧德美拒絕，但山姆唱著刺耳的歌聲，害奧德美一整夜沒睡，奧德美才終於同意幫助山姆。

整部電影中，山姆常去找奧德美。有一次，他打斷了一場人們和大約十個阿飄參加的降神會。奧德美多年來一直是冒牌貨。但是當山姆出現時，她開始真正聽見阿飄說話，所以現在，她的營業場所擠滿了阿飄。在混亂騷動中，一個不耐煩的靈體跳進奧德美的身體，開始透過她說話。突然間，奧德美的聲音變成了男人的聲音。

因此，這部電影展現，阿飄與招魂靈媒或通靈人說話，有時候更借用他們的肉身。靈媒或通靈人可以將阿飄存在體的信息，傳達給想要聽取信息的任何人，這是千真萬確的。建議你不要參與這類活動，因為那會把你綁進星光界，還會把你綁進一種共振和共生的關係，與已經往生且需要在靈魂進化上繼續前進的某個阿飄共振共生。

這個世界與另一個世界之間的帷幕很薄，幾乎就像是一層薄紗，因此與離世的親人摯愛交流是有可能的。但是，當人們往生時，那輩子就終結了。我們需要放掉自己的親人摯愛，繼續活下去，儘管那麼做看似無比艱難。離世的人在天界有其他教室，他們會在那裡學習和成長。他們有新的生活，需要繼續前進。

生命力逐漸枯竭

當奧德美對那個阿飄說：「給我滾出去！」的時候，那個阿飄離開了她的身體，癱軟的躺在地板上，沒有力氣移動。他的阿飄同伴嘲笑他，笑他不知道進入物質身體會耗盡阿飄的能量。

這正是謬誤之處，也是危險所在。這部電影沒有透露的是，阿飄們耗盡靈媒的能量。也因此，如果你有屬靈的目標，就不會想要參加降神會。被那些靈體從與會者（無論是靈媒或在旁觀看的人）身上奪走的生命能量，絕不會再復還。那些能量立即被用來產生靈異現象，以及維繫這些阿飄存在體的存在。

對我來說，招魂師（spiritualist）與靈媒（psychic medium）以及通靈傳訊者（channeler）之間沒有什麼差別。我不評斷這些人。我本人認識許多從事這類服務的人們。我愛他們，也祝福他們。但我希望你知道，這樣的做法很危險。

如果人們持續相當長一段時間，有意識的與死者交流，或是與已離世者的靈體相伴，他們維持生命所必須的靈性能量，將會逐漸消耗殆盡，物質身體和腦子都會逐步退化。每一個人都有一定分量的生命力，那是在我們化成肉身開始時分配給我們的。過長時間參與出神工作、靈異現象、招魂活動，可能導致分配到的生命力嚴重耗竭。

我們本來就是要利用身體周邊（在我們的氣場中）和身體內的光能，來編織一種我稱之為「不死的太陽體」（deathless solar body）的衣服，我們需要這個太陽體，才能在死亡的過渡轉換期，進入較高的乙太層級。

真實案例

我曾經認識一位非常甜美的女士，她是一位招魂靈媒，畢生致力於接收訊息，總是有屬於她的圈子的人們來到她家，她家擠滿了阿飄存在體，多到令人難以置信。

她每隔幾個月就會打電話給我，告訴我她病得很嚴重，問我是否可以為她祈禱。其實，我非常清楚究竟是怎麼一回事。因此我會召喚大天使麥可，將那些存在體從她的房屋清出，離開她的身體。然後她會打電話給我，說她覺得很不錯。就這樣又持續三個月或四個月的降神會，然後她又會再次打電話給我。

她注定且決心幫助所有這些阿飄接收安慰、接收教誨、接收療癒，願神保佑她啊。她相信，到自己臨終的那一天，她會為所有阿飄提供絕佳的服務，但她真正在做的是讓那些阿飄留戀人世，緊緊黏著她。當你歸根結柢時，會發現這幾乎是小我的重點。

我知道另外一個例子，是一對夫妻，兩個非常虔誠的靈魂，他們討人喜歡，是你會想要認識的那種人。然而他們欠缺某種能量，那是走在靈性路上的人們，在氣場上自然生成一層特定的光。這是因為他們曾經是靈媒，而且好幾個前世都參與過招魂術。

不幸的是，我可以看見，這對夫妻需要四世或五世，才能重新獲得因招魂活動浪費掉的光。我相信，無論如何，他們在靈性之路上已經取得了很大的進展。但這是一個驚人的例子。你可以看見缺了點什麼，即使他們是可愛的人。

通靈傳訊是怎麼一回事？

為號稱是大師和指導靈的星光層存在體通靈傳訊，是極度危險的。自稱是靈異界大師的阿飄是最危險的，他們不僅耗竭聽眾的生命能量，而且發布惑亂人心的信息和半真半假的陳述，導致人們誤入歧途。他們可能會提供甚至多達七〇％或八〇％的真理。由於他們說了那麼多千真萬確的話，因此許多人便接受了其餘那些錯誤的說法。

與通靈傳訊者交談，和透過通靈傳訊者發言的存在體，很可能是某位死者的星光殼，星光殼可以離開靈魂，單獨存在，甚至可以製造靈魂應負起責任的負面業力。這樣的存在體時常能夠做出精確的通靈預言，但它並不是無所不知的。在經歷了稱之為死亡的過渡期之後的短暫期間，某個無形體靈魂的星光殼，經驗到擴展後的覺知閃現，那是一種可以預言的全知感。然而，這個靈魂其實一直要到經歷過最後一次化身為人、揚升至神的面前時，才真正接收到這份作為永恆恩賜的預言能力。

阿飄存在體（通常）無法幫助我們找到我們的靈魂自由，這可能與你相信的截然相反。他們自己不是自由的，因此無法為他人帶來真正的靈魂自由。如果他們具有靈性的造詣，就不會在地球附近徘徊。

除非在某些特定的情況下，否則揚升上師們的信使，並不會給出所謂的「生命解讀」（life reading）。為無形的靈通靈傳訊，與透過聖靈（Holy Spirit）接收來自揚升上師（祂們是神性自由的存有）的教誨，兩者之間有很大的差異。我認為自己並沒有通靈能力或千里眼，我擁有的是使者的衣缽。那個衣缽是我周圍的一道光柵，保護我只接收得到光之揚升上師們的教導。

基於若干理由，「通靈人」（psychic）從星光層取得的部分生命解讀是危險的，我用psychic一字並沒有輕蔑之意，實在是不知道該用哪一個英文字。我在這裡用這個字，是為了已覺醒且已加快靈魂感應的人們。如果靈魂是覺醒的，那麼必不可少的是，她必須提升且與她的較高自我合而為一，才能避開這類星光層級的糾纏。

我見過許多做過生命解讀的人們，因為被告知他們是某一個人或是在某個前世做過什麼事，然後他們帶著沉重的負擔來找我。為了協助他們踏上靈性之路，我請求揚升上師們，且多次發現，他們根本不是那個人，但是自從造訪過為人做前世回溯的某人之後，他們便相信了這個信息，於是背負了一個甚至不是他們該要扛下的負擔，或是懷抱全然荒謬的宏偉幻相。

回溯（regression）最糟糕的部分在於，當回溯的內容確實是當事人的某個前世，而這個人目前完全不具備能力，無法處理發生過的可怕經歷。如果這人還沒有準備好踏上靈性之路的這一步，那麼這則信息對他們來說可是非常不健康的。就好像強迫花朵開花一般。

如果神向你吐露某個前世，那是因為你該要處理那份業力的時候到了，在那之前，請別管前世，不要對前世好奇。你今天是誰就是誰，是你所有前世的總和。

靈的傲慢

酗酒者、吸毒者、老菸槍等等，並不是阿飄存在體施展詭計的唯一受害者。阿飄存在體設下每一種人類意識的陷阱，就連自認為是神的選民的人們也不例外。「靈的傲慢」（spiritual pride）的振動，也可能為靈傲慢的追求者，吸引到最致命的存在體，這些存在體企求的根本是毀滅靈魂。

靈的驕傲被行使旁門左道的「高階」阿飄存在體具體化現了，例如，黑魔法師，他們非常不著痕跡、非常狡猾奸詐的，將心念投射到你的頭腦裡，而且是你同意的，因為你還沒有淨化好來自智力、人類、靈或不管哪一種類型的傲慢。因為你認為這些存在體非常了解靈性問題，所以，透過你渴望主宰靈性的磁性，你可能會讓自己以及其他仰賴你指引的人們，一起陷入嚴重的造業情境，即使你的本意良善。

因此，有些人可能不會沉迷於我們談到的低階事物（毒品、菸草、糖等等），但他們可能會沉迷於「自己」，因此很容易受到具有同類型想法和感覺過程的存在體影響。靈的傲慢是一股使人盲目的力道，陷入其中的人們，往往看不見它或它的危險性。

你擁有資源。不必相信阿諛諂媚之詞，以為從某位自稱是大師的阿飄那裡可以得到特殊的訊息。你可以召喚人天使麥可和祂的藍光天使們，前來移除冒名頂替的騙子，利用類似下述的召喚詞：

以全能的神的名義，我要求將膽敢靠近我、將其意念強加於我的所有不具肉身的阿飄和墮落的天使，全部捆綁起來。我召喚人天使麥可前來逮捕所有不是源自於光明的存在體，將他們移除掉，離開我的氣場、我的意識、我的住家和我的工作場所。我拒絕接受低於永生神的任何東西在我身邊！

阿飄需要你的能量

阿飄存在體因欲念未實現而受折磨，斷離了它們的較高自我，斷離了神。遲早，他們會從那些尚未與本源失去聯繫的人們身上，找到增強力氣的方法。

如同我在上述討論過的，人世間有意識且自願合作參與通靈活動和通靈傳訊的人們，是阿飄取得我們能量的一種方式。但還有其他看似無辜或正常的人類活動，也允許存在體吸乾我們的能量。每當我們在任何方面與自己的較高自我不和諧或格格不入時，我們就是容易受傷的。惱怒、悲痛、恐懼、憤怒、八卦、妒嫉、沮喪、不屑、疲累，以及其他負面的心念和感受（乃至音樂中不和諧的節奏、聲音、歌詞）的振動，刺穿了我們靈魂周圍的天然保護層，那是出生時為了保有神釋放給我們的屬靈能量而設置的。人世間任何類型的不和諧，都會自動撕裂或扯破我們的屬靈衣服（spiritual garment）。缺了這層靈性保護的完整性，我們的能量很容易因阿飄存在體而受傷。

我們可能與自己的較高自我格格不入，最常見的情況是，即使知道食物對自己有害，還是照吃不誤。舉個例子，如果你體內的糖分過多，阿飄存在體就可以取得你的能量。你變得敞開暢通，允許存在體吸收你的能量和光，這是存在體喜歡讓人們沉溺於糖分的原因。

今天，美國的問題是，各種穀片和加工食品，都添加了糖分或其他有害物質。你需要好好閱讀所有購買食品上的標籤，認清糖分有許多種偽裝，可能以不同的名稱列出。任何形式的糖都會削弱你，使你容易受到星光層和存在體的影響。

存在體無法依附那些與自己的較高自我和諧同調的人。但是，如果這些存在體可以逮到你沒有防備的時候，它們便可以從中取得更多的利益，因為走在靈性路上的人們，能量相對純淨，勝過已進入星光層且飽受星光層動量滲透的人們。這是因為能量愈純淨，存在體愈容易吸收。

容易受傷的徵兆

前一段時間，我認識了一名男子，他遇到許許多多瘋狂的事故、愚蠢的事故，多到身體傷痕累累。他來找我，誠心懇求我告訴他，為什麼他會發生這些事故。

就這個特別的案例而言，他的容易受傷，來自於他的屬靈衣服有破洞，如同我之前說過的，屬靈衣服是天然保護層，包圍著我們的靈魂。這些破洞是誤用神的能量，以及他今生和前世的其他作為造成的。這些破洞需要被修補。你可以請求天使們，用你在祈禱時喚起的光編織一塊「補丁」（可以這麼說），凡是精微身的衣服有裂痕，就用補丁補上。當然，這名男子需要保存自己的生命力，避開當初造成這些破洞的原因，同時懇求療癒天使們前來修補裂痕。

我常在剛踏上靈性之路的人們身上，看見毒品在屬靈衣服上造成破洞，因此需要大量的療癒。療癒天使們會協助你、你的親人摯愛以及你為其禱告的人們，這是一個必要的過程。

有些人，因為累生累世及今生的作為，導致屬靈衣服上有許多破洞，因此無法保留光，即使是長達十二個小時扎實的靈修也無法留住光，就好像有一個過濾氣場的篩子。但這也是可以被治癒的、可以被修補的。有神且有光，萬事皆有可能。

當物質層和星光層之間的帷幕，因任何原因被刺穿時，等於是星光層對你大大敞開，你因此變成一塊磁鐵，把星光層的存在體吸引過來。於是阿飄的力道可以穿透進入物質層，造成突發事故和身體受傷。這些力道也可能造成你體驗到不那麼嚴重的侵犯，例如，過了糟透的一天、頭痛或是事情就是不順遂。如果你沒有祈請足夠的靈性保護，阿飄就可以用這些方法影響你。

如何療癒？

任何人，不管你用什麼方法破壞了自己天生的靈性保護，都可以請求神的寬恕，原諒自己創建了容易受到星光勢力攻擊的條件。舉例來說，因毒品使用而受損的人們，可以請求寬恕，原諒他們干擾了神聖計畫在自己的生命中自然開展，然後他們可以祈請大天使麥可和他的藍光軍團，前來為他們封印和保護他們。

這些人也需要為重新編織他們的屬靈衣服（他們的氣場）祈禱。當物質和本體因疾病和能量誤用而扭曲變形時，只要有能量支援，那些顯化的形式就可以延續下去。

如果你從你的較高自我的層次，呼求你的物質表相停止錯誤的行動，就可以消融掉錯誤的思維模式，於是在你的「較高自我」和「神臨在」之內的原初神聖設計，就可以在你之內開始重新得到確立。當你如實的為自己的療癒呼求時，強烈的療癒行動就會由光的八度驅動發生。每一個人都需要某種程度的療癒，無論我們知不知道。因此，這裡有一段文字你可以立刻用來祈禱、靜心，或是大聲唸出來。

集中在你的內心，想像自己置身在白火核心之內，周圍是明確有形、寶石藍的光球，內含你的原始神聖設計和神的旨意。看見一個鮮綠色療癒光球圈住這一切。

在進行下述祈禱的過程中，當你集中觀想且被愛充滿時，你的整個形相被神的療癒臨在包覆住。請記住，每次使用「我是」（I AM）時，你都是在聲明「在我裡面的神是」。嘗試大聲說出下述這段話：

全能的神，以我的較高自我的名義，對我的整個存在發號施令。請在我裡面創造並維繫神聖設計的完美畫面。看見這個行動在我的整個存在裡得到確立，使我現在完整，永遠完整。行動中的正確心智在我裡面全然運作，移除掉我的肉身形相和心智體內的一切扭曲，帶出神的奇妙純淨，降臨湧現。在我周圍點燃「無限太一」（*Infinite One*）的氣場，直到環繞我的是天使般的光之力量為止。

我是神的完美顯現

在身體內、心智裡、靈魂中——

我是神的指示流動著

療癒我並使我保持完整！
噢，原子們、細胞們、電子們
在這個我的形象之內，
且讓天堂本身的完美
造就我現在是神聖的！

我讓自己充滿、充滿、充滿著
光芒四射的「我是」之光——
我感覺到純淨的流動
現在促使一切回歸正軌！

以全然的信，我感謝的接受這一切就在此地此時顯化，充滿力量，恆常持續，全能活躍！摯愛的「我是」！摯愛的「我是」！摯愛的「我是」！

這個療癒過程，是透過回復完整圓滿發生的，首先發生在靈魂中（包括靈性上和情緒上），然後發生在心智頭腦裡（心智上和視覺上），最後發生在你的身體內，那始終反映出你的高階身體的狀態。看似失敗，沒能達成我們追求的結果，其實是我們沒有長久帶著決心好好秉持完美形象的願景，因此無法看見它誕生成形。每當你祈求療癒時，要知道呼求召喚必會得到回答。神不一定會按照你預想的答案回應你的禱告，而是會在你的靈魂真正需要的時間，且用你的靈魂真正需要的方式回應你。

第五章
強占天堂

每一件事都很重要。
我們做的每一件事都很重要。

——電影《別闖陰陽界》中
尼爾森（Nelson）一角

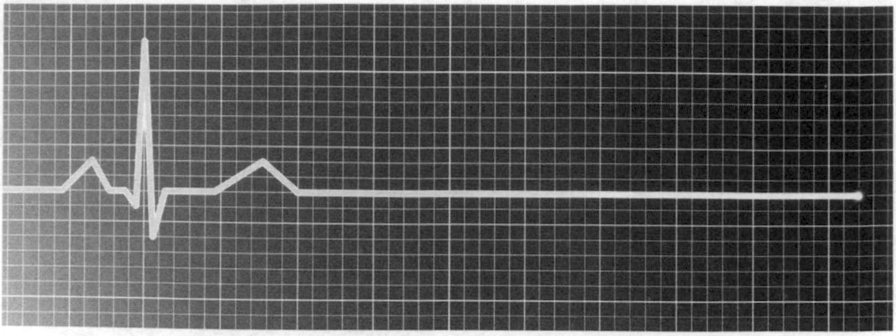

我必須向讀者坦承，《別闖陰陽界》（*Flatliners*）[1]是我看過最糟的電影。我想應該還有更糟的電影，但我不喜歡的是經歷死亡四次或五次然後又回來的體驗。然而我必須好好看完這部電影，才能談論什麼是事實、什麼是杜撰。

《別闖陰陽界》教導我們業力和解答。當主角尼爾森說：「每一件事都很重要。我們做的每一件事都很重要。」其實就總結出了這個訊息。這樣說吧，如果教會不教導人們什麼是業力，那就讓電影來教吧！這部電影確實有不少的缺點，但我會一一描述電影中的角色，為你提供故事情節以及我的分析。

一群平均成績相當高的五名醫學院學生決定，他們想要找出死後是否真的有生命。他們知道瀕死經驗，於是輪流使用某種注射劑和醫療設備，在不同的夜晚互相「殺死」對方。在那個人死亡幾分鐘之後，其他學生便用醫療設備把那個人救回來。

學生們一個一個連上心電圖儀和腦電圖儀，如此才能確定心臟何時停止跳動，以及那個人何時腦死。學生們用冷凍毯降低體溫，為的是降低永久性腦損傷的危險 他們靠去顫器施行電擊，讓心臟停止跳動。當被電擊的那個人死亡時，心電圖儀和腦電圖儀停止記錄腦電波和心臟波——變成平平一直線（flatline）。

我請一位醫師分析他們的程序。他說，以這種方式殺死某個人當然是可能的，但被殺死的每一個人是否都可以成功的復活卻值得懷疑。他說：「你永遠不知道某個人是否會復活。」他還說，他們從死亡復原過來的速度，是不切實際的，他們升高和降低體溫的速度，也同樣不切實際。如果你看過這部電影，那麼除了與死後生命相關的部分，我不會花時間解釋你可能已經注意到的其他劇情弱點。

《別闖陰陽界》——故事架構

在《別闖陰陽界》中，尼爾森是一位野心勃勃的醫學院學生，相信自己發現了一個方法，可以讓人們體驗到瀕死經驗，親身感受一下死後生命的滋味，然後在腦部不受損的情況下起死回生。他招募了幾個同樣的醫學院學生，幫他完成實驗。雖然他們小心翼翼，但他們的野心勝過了心中的懷疑，於是在一間廢棄的博物館內，他們插上了醫療設備，幫助尼爾森「死亡」，然後再起死回生。當尼爾森回來時，他顯然有所改變，但無法完全理解這段經驗。當一個決意對尼爾森做身體攻擊的小男孩，來找尼爾森的時候，這個實驗出現了醜陋的轉折。尼爾森並沒有告訴他的同伴關於小男孩的事，一直到這群人中的另外兩人（大衛和喬瑟夫），也探索過死後生命且被迫面對自己不檢點的言行時，尼爾森才說出實情。不管怎樣，瑞秋的經歷與其他人略微不同，但他們每一個都領悟到，若要拯救自己，擺脫自己造成的結果，就必須找到方法，彌補自己做過的事，不然就是想辦法放手，找到平安，繼續前進。

常識媒體（Common Sense Media）

https://www.commonsensemedia.org/movie-reviews/flatliners-1990

這部電影的角色如下：

尼爾森是煽動者，讓心臟、腦波停止是他的點子，他富有而自我本位。雖然他是大衛的朋友，但兩人也是情敵，爭奪瑞秋的愛。

大衛・拉布拉希奧（David Labraccio）是無神論者，但他為人類的生命奉獻努力。電影一開始，大衛冒著毀掉自己醫學生涯的風險，救了一名女子。他沒有經過允許便對這名女子動手術，因為等醫生有空過來時，絕對太遲。大衛被醫學院停學四個月。

瑞秋・曼尼斯（Rachel Manis）聰明而美麗。她很有愛心，溫暖對待醫院裡的病人，但對醫學院的男學生卻疏遠而冷淡。

喬瑟夫・赫利（Joseph Hurley）是病態的好色之徒。即使才剛訂婚，電影中的喬卻還是幾度試著釣馬子。他有習慣將他與一長串女友的性愛經驗祕密錄影下來，也在未婚妻不知情的情況下，錄下兩人的性愛錄影帶。

蘭道・斯德克爾（Randall Steckl）是一個無能為力的觀察者，他沒有勇氣讓自己的心電圖和腦電圖變成平平一直線，但他無能的觀察卻提供詼諧幽默。

電影《別闖陰陽界》中的挑戰死亡

尼爾森說服大衛、瑞秋、喬、蘭道，幫助他讓心電圖和腦電圖呈平平一直線。他說他的目的是：「看看死亡之外是不是有什麼東西。哲學失敗了，宗教失敗了，現在全靠自然科學。」

尼爾森在經歷過瀕死經驗後，並沒有對其他人詳細描述他的經驗，只說：「那裡確實有某樣東西，令人欣慰。」事後不久，當其他人把他獨自留在大衛的卡車後面時，尼爾森在那幾分鐘內開始看見奇怪的東西。一條小巷被怪誕的燈光照亮，他看見一隻受傷的狗，腳纏著繃帶，呻吟著朝他爬過來。他說：「傑姆？」然後怪誕的燈光消失不見。

那一夜，尼爾森夢見的場景，跟他死亡時看到的一模一樣，他還聽見槍響，看見幾個男孩在奔跑。然後他看見男孩們其實是在追逐一個穿著連帽運動衫的男孩。整個場景變成黑灰色，而他感覺到自己正在往下掉。他尖叫，在自己的床上醒來。尼爾森已經打開了星光層。

這些擅闖陰陽界的人們，已經決定用武力占領天堂，不是按照神頒布的方法，而是他們決定扮演神。因為宣稱哲學和宗教失敗了，他們現在要追求科學的神，讓自己成為神，用自己的身體證明什麼是死後的生命，證明他們可以死而復生，公然反抗命運。

尼爾森在心電圖和腦電圖呈平平一直線的時候，並沒有去到乙太層，他去了星光層。而且如同我們所看到的，他經驗到心中最大的未解之事。

電影中的另一個時空，尼爾森夜晚走在外面，穿過一條黑暗的小巷。一個無家可歸、喃喃自語的女人突然轉向他說：「對吧？尼爾森？因為最終，我們都知道自己幹過什麼事。」然後那隻狗出現，而尼爾森跟著狗去到一個地方，在那裡，他看見夢中看到的連帽運動衫男孩。男孩攻擊尼爾森，不斷踢他揍他。尼爾森多次遭受來自星光層的身體傷害，而這個事件是第一起，後來他遭到更多的傷害。

這些是開始的徵兆，對尼爾森來說，顯示物質層和星光層之間的帷幕已經被刺穿了。這樣的刺穿是非常危險的事。你可以靠毒品辦到，也可以靠撒旦音樂、暴力音樂以及其他各種違反神的能量的方法。

我們把自己的罪孽帶回來了

喬是下一個讓心電圖和腦電圖呈平平一直線的人。在這麼做之前，他打電話給未婚妻，說：「如果萬一發生什麼事……」他的未婚妻問：「怎麼了？」他說：「我不知道。我只是很累。我語無倫次了。」未婚妻顯然擔心他的精神狀態。

喬死後，他從幼年的視界看見，例如，穿過產道、出生、前來讚賞他出生的女人們，然後場景轉變成他認識的女人和女孩——穿長襪的腿、雙唇、雙手、乳房、眼睛、臉孔，一一閃現。然後他被救活了。

同時，尼爾森變得愈來愈偏執多疑，男孩出現在他的公寓裡，用曲棍球桿將他擊昏，尼爾森身上又多了幾處傷。

喬也開始有奇怪的經歷。他與一名女子談論女子的瀕死經驗，因為覺得需要與人分享他的經歷，當時，喬盯著電視螢幕上的足球比賽，但他沒有看見足球，而是看見自己與某個女孩做愛的家庭錄影帶。女孩從螢幕上看著他，問道：「喬，你為什麼對我做這事？」喬變成每次盯著電視螢幕，就看見女孩子。那些全是他欺騙過的女孩子，她們把他對她們說過的謊言，大聲的說給他聽。

接下來是大衛的心電圖、腦電圖呈平平一直線。他先看見最近發生的事件閃現，然後回到最早期的記憶，然後他在子宮裡，之後他看見自己翱翔在皚皚白雪的山脈上方。突然間，他聽到孩子們在操場上反覆唸誦。當醫學院學生開始救活他的時候，他看見一個小女孩的影像朝他而來。

事後，大衛也開始有奇怪的經歷。搭火車的時候，他聽見一個聲音說：「喂，喂，布拉希奧。有火柴嗎？哦，我有吔。」女孩開始侮辱他、咒罵他。他問：「我認識你嗎？」女孩繼續咒罵他、侮辱他，同時火車上的每一個人都開始嘲笑他。

儘管尼爾森想要再嘗試一次，但瑞秋堅持下一個是她。她說：「我失去了跟我很親近的人，我只是想要確保他們去到了一個好地方。」

瑞秋被救活且離開房間後，大衛要求尼爾森坦白自己的經歷。他們交換意見。大衛說，他認為自己看見的女孩是溫妮・希克斯（Winnie Hicks），他跟其他人曾經結伴在操場上戲弄她。尼爾森認為，他一直看見穿連帽運動衫的男孩是比利・馬浩尼（Billy Mahoney），他小時候認識的一個人。喬透露了他對錄影的癡迷。

尼爾森對他們的經歷的詮釋是：「我們經歷了死亡。不知為何，我們把自己的罪孽帶回到自己身上。」

無意識與潛意識的深度

沒有聽見大衛和尼爾森交換意見的瑞秋，開始看見她父親。當她正在解剖的屍體似乎甦醒過來，且成為她父親時，她尖叫著跑出教室。

喬的未婚妻因那通電話而擔心，於是突然來訪，剛好喬不在家，未婚妻發現了他的錄影帶收藏，喬因此遭到玩弄女人的報應。他回到家，發現自己露了餡。未婚妻領悟到他無法與女人保持健康的關係。她問喬：「沒有信任，我們有的會是哪一種婚姻呢？」她退出，取消婚約。

尼爾森的回憶閃現，回到童年與比利．馬浩尼的經歷。當時尼爾森九歲，跟幾個男孩一起把比利追上了一棵樹。他們開始用石頭砸比利。比利失手從樹上掉下來，摔死了。

大衛探望溫妮．希克斯，溫妮現在是個成年女子，有丈夫、女兒和自己的家。尼爾森要求跟大衛一起去，因為他害怕一個人。尼爾森在大衛的卡車裡等候，而大衛進入溫妮的房子。大衛告訴溫妮，他對自己的霸凌行為感到抱歉。起初，溫妮對他的道歉置之不理，說那是孩子們會做的事，沒什麼。但是接下來，她的行為透露了她的痛苦，而最後，她感謝大衛。大衛大大的鬆了一口氣，感謝溫妮接受他的道歉。

同時，尼爾森開始覺得好像比利．馬浩尼就在附近。他從卡車的窗戶看見紅色帽兜閃過。他鎖上車門，開始尖叫：「大衛，救命！」即使車門上了鎖，比利卻突然出現在卡車內，用一把斧頭型工具攻擊尼爾森。尼爾森拾起一把類似的工具，開始與比利對抗。比利的刀片移到了尼爾森的頭部附近，看起來好像尼爾森一定會被殺，比利正以驚人的氣力往下推。然後大衛回到卡車上，而比利不見了。尼爾森握著一把斧頭，拚命掙扎。

回到城裡，他們彼此交換一下意見。尼爾森對喬和蘭道說：「大衛醫師認為，他已經解決了我們的業力問題。贖罪啊，先生們。」大衛已經贖了他的罪，但是尼爾森無法贖罪，因為比利已經死了。尼爾森告訴喬和蘭道，比利怎麼死的，他扮演了什麼角色。

尼爾森在九歲的時候被送進了少年感化院。

「我以為我已經付清了我該付的。」尼爾森說，「我還是可以贖罪的。」然後他跑開，跳進喬的車子，留他們兩個進退不得。

同時，瑞秋和大衛討論著，瑞秋看見她父親出現，以及她覺得自己對父親的死有責任。大衛告訴她拜訪溫妮一事。「那解除了某樣東西，就是請求她寬恕。」他說。瑞秋和大衛同床共枕。

然後，大衛接到喬和蘭道打來的電話，他們被尼爾森丟包，進退不得。大衛開車去接他們，留瑞秋獨自一人。瑞秋進入一種夢境，走進她童年的家，在那裡，她發現父親正在注射海洛因。

尼爾森打電話給大衛，但瑞秋接起電話。尼爾森為害他們闖進陰界一事致歉。他告訴瑞秋，他要再次讓心電圖、腦電圖變成平平一直線，最後一次了，尼爾森感到絕望。

崩解小我界限

這是一部得到許多反響的電影，鐵定對觀賞此片的人們的心靈，造成巨大的衝擊。《別闖陰陽界》的設計，是要帶出我們每一個人的無意識和潛意識，讓我們好好深入檢視自己。因此，我現在要為讀者提供傳統的主要角色心理分析。

透過死亡實驗，四個人全都經歷了小我界限的崩解，以及未解決的童年經驗滲透到他們的表意識覺知中。

煽動者尼爾森

透過心電圖和腦電圖呈平平一直線的經驗，尼爾森直接回到潛意識中最大的未解之事的時間點。這樣的重播是因為這事需要被關注。尼爾森對死亡有著一種病態的全神貫注，因為他無意識的專注於解決他在比利．馬浩尼死亡一事中所扮演的角色。尼爾森被強烈的恐懼、內疚、憤怒緊緊綁住了。在無意識層次，他仍舊驚恐，害怕比利的死一部分是因為他的嘲弄造成的。

尼爾森被內疚折磨著，但也很生氣，氣自己已經在少年感化院耗了許多年，卻還沒有「付清他該付的」。在他與比利．馬浩尼連續幾次的相遇，浮上檯面的是那椿童年悲劇。尼爾森現在是惡毒憤怒的比利．馬浩尼的受害者，而比利．馬浩尼似乎就象徵著尼爾森自己可憎、嘲弄、凶狠攻擊的衝動。

尼爾森多次因比利而負傷的事實顯示，尼爾森不只在處理自己的無意識，也在處理星光層瓦解、塌陷到物質層內。比利．馬浩尼是復仇心重的阿飄。連續幾次與阿飄比利．馬浩尼的暴力接觸，每一次都讓尼爾森身上多加幾處傷痕，於是尼爾森變得害怕而偏執。

尼爾森不再能夠區分有意識和無意識、真實和虛幻，他愈來愈是活在個人無意識的求死願望，和星光層體驗構成的世界裡。他不斷重新經歷那個死亡場景。心理學家會把這叫做「創傷後壓力症候群」（post-traumatic stress disorder，簡稱PTSD）。

其他醫學院學生質問尼爾森，指責他沒有警告他們在死亡實驗中會遇到什麼事，之後尼爾森進入一種極端的狀態。一方面，這似乎是完全的精神錯亂；另一方面，卻也是徹底負起全責。他決定要再次讓心電圖、腦電圖呈現平平一直線的死去，成為最初那樁比利．馬浩尼童年悲劇的受害者，藉此賠罪。在最後的報應場景中，尼爾森和比利再次是孩子。尼爾森是比利奚落嘲弄的受害者，一直到尼爾森在死亡現場從樹上摔下來。在尼爾森從樹上摔下來的過程中，他從小孩變成了大人。

這個場景象徵尼爾森正在面對那個創傷，且從成人的層次負起全責。當他抬起頭來，看著比利的幽靈站在他的上方時，尼爾森臉上的恐懼、憤怒、虐待的能量不見了。心理上，他已經與自己無意識中的謀殺者結清舊帳，也因殺死「壞」尼爾森而與阿飄比利盡釋前嫌。

衝突解決了，尼爾森不再害怕。他不再需要折磨自己。比利．馬浩尼微笑著，彷彿是要說：「現在你知道是什麼感覺了吧。」然後永遠離開尼爾森。

好色之徒喬瑟夫

喬無法與女性擁有成熟的情愛關係，他有尚未解決的童年戀母情結（Oedipus

complex）。這可以追溯到他童年與母親之間的「固著」（fixation）關係。喬試圖透過與女人的性接觸，來增進自己的男性身分，他祕密錄製了與女人性愛的視頻，供自己日後觀賞。喬隱藏了自己的偷窺行為，但私下對此感到內疚。

喬分裂了自己內在的女性。他把女人分成兩類：可以與他隨意性交的女人，以及他真正愛的女人。榮格可能會說，他與「女巫」發生性關係，然後將自己的真愛提升到「女神」的地位。喬的報應出現在，他的真愛發現他的視頻，體認到他對女性基本上是不尊重的，於是斷絕了兩人的關係。

在喬的瀕死經驗中，他遇見一位性感的女性，她黑髮，看上去跟喬很像。她是喬的「阿尼瑪」（anima，拉丁文，意為：生命之本、靈魂）或女性部分，被潛抑在無意識之中，然而卻是他性行為背後的驅動力。電影結束時，喬還沒有與自己真正講和。他仍然必須解決自己的性行為問題，與他無意識的阿尼瑪投射達成協議。

喬的業力報應是失去他真正愛的女人。而且在解決自己的女性面之前，他都不可能與女人擁有健康的關係。像喬這樣的人一定需要治療，才能處理和解決那份戀母情結。他將需要申明自己的男性身分，把自己的女性面帶到表意識的覺知中，與他的男性面整合。

無神論者大衛

在《別闖陰陽界》的角色中，大衛似乎是心理上最完整、最真正關心他人的。他之所以參與死亡實驗，是因為他擔心那些醫學院學生們，無法幫助彼此起死回生。他親身經歷死亡體驗，為的是試圖阻止他所愛的瑞秋那麼做。大衛潛意識的矛盾衝突被治癒了，因為面對了他對溫妮犯下的錯誤，因為尋求寬恕，因為履行了身為成年人所能做到的，以此彌補當年的霸凌行為。他的心理負擔也因此解除了。

憂慮不安的孩子瑞秋

瑞秋的父親在她五歲時自殺。這個年齡尤其意義重大，它是佛洛伊德（Freud）標記的「性器期」（phallic period）。這時候，小女孩正處在戀母情結的女性版本「戀父情結」（Electra complex）之中，渴望擁有自己的父親，因此對母親懷有敵意。當小女孩放掉父親並與母親認同時，健康的解答才會出現。

成年後的瑞秋，是個舉止冷淡、疏離、善於驅策的女子，因為她解不開與父親的關係，且一直心懷罪疚，覺得該對父親的死亡負責。對瑞秋而言，她與大衛的親密關係代表她放下了父親，進入自己，成為女人。

在瑞秋最後一次遇見父親的經歷中，父親道歉了，而她原諒了父親。這被稱作「修正性情緒經驗」（corrective emotional experience）。藉由再次經歷創傷經驗，她治癒了自己受傷的內在孩子的創傷。

小時候，瑞秋不知道父親在注射海洛因。她不會記得那部分的場景，因為那會變成她父親必須對自己的死亡負責。她母親對她父親自殺的反應，使瑞秋確信，父親的死是瑞秋的錯。在心理上，一直要到她準備好以成人身分面對解答時，她才可能憶起父親當時是在注射海洛因。

寬恕、業力、解答

自我誘發的瀕死經驗，主要的正向好處在於，四名學生中，有三名找到了某種解答，能夠繼續生活下去。但他們還是必須平衡自己的業力。

我們來檢視一下，關於寬恕、業力和解答，這部電影說了些什麼。就我們必須為自己的過失贖罪並平衡自己的業力而言，這部電影的陳述是準確的。至於我們如何贖罪，它的陳述是不正確的。這部電影中有三個人道歉。大衛向溫妮道歉，而溫妮寬恕了他。尼爾森向比利道歉，而比利寬恕了他。瑞秋的父親向瑞秋道歉，而瑞秋寬恕了父親。

道完歉後，殘留在尼爾森、大衛和瑞秋父親心靈中的，是將痛苦強加在他人身上的習性，而殘留在受害人比利、溫妮和瑞秋心靈中的，則是這段經驗的心理傷疤。當大衛向溫妮道歉時，溫妮承認她因為在操場旁被嘲弄而受傷，同時感謝大衛的到來。大衛轉身離開。那樣的做法把溫妮留在哪裡呢？她心靈中的傷疤可以消退嗎？她現在會變成不一樣的成年女子嗎？

溫妮對大衛的寬恕只是開始，不一定治癒了大衛殘酷的習性，而且並沒有治癒溫妮在操場上被嘲弄的傷痕和痛苦，那些還在，在她過去的內在小孩裡，也就是她說她多年來沒有想到的「醜陋的小女孩」。

寬恕確實是解答的開始，但不是結局。寬恕是非常必要的步驟。但事實上，寬恕被認為是靈性之路上的第二步。接受神在你生命中的旨意才是第一步。

第二步是要寬恕，寬恕你的朋友、敵人以及曾經虧負過你的每一個人，而且要請求寬恕你曾經犯下的所有過錯。寬恕意謂著某樣東西被解除了，就像大衛在電影中分享的那樣。而被解除的是某個百分比的業力重量，行為本身的重擔是由神背負的。

由於神如此介入的恩典，解答之道上的第三步是，我們可以走出去，為生命提供服務，那麼做將會平衡那份業力。否則，我們會被業力的整個重量壓得直不起身，恐怕什麼事也做不成。

我們可以為那些曾經因我們的行為而在心理上受傷的人們祈禱，呼求療癒。如果知道這些人是誰，我們可以幫助他們。如果因為我們的行為影響了許多人，無法在一生中平衡掉那份業力，那麼我們可能會轉世許多次，平衡我們與整個社會的業力。也因此，輪迴轉世是神的悲憫。

瑞秋對父親的寬恕是絕對必不可少的。寬恕是朝任何業力方程式的解答邁進一步。但是從那個時間點開始，瑞秋就必須在自己心理上處理我已經討論過的問題。

寬恕啟動了某個療癒過程的盤旋上升。瑞秋的父親說他很抱歉，但我們見過多少癮君子都說他們很抱歉，承諾要戒掉，然而從來沒有達成的意願或膽量。唯有當他透過自己的較高自我，將自己的人格融入神的時候，他對自己的終極寬恕，才可以靠他自己而到來。他必須理解並接受，他需要神的介入，無法靠自己的力量站起來。他正在與死亡和地獄的力道搏鬥，他需要一位「神聖的中保」（divine mediator）[1]。

毒品業

瑞秋的父親並沒有因為他死了，就可以擺脫海洛因成癮，他的情緒和心智仍會渴望

[1] 譯注：神聖的居中調解人。意指兩造之間的中介／仲裁者。《聖經》用「中保」形容神的獨生子耶穌基督，因祂所做的一切，都是為了在神與人之間除去罪的隔閡，使兩者之間能夠重新銜接起來。

注射海洛因的經驗。即使沒有身體，他還是可能會設法鉤住其他仍有具體物質化身的海洛因成癮者。如同我先前說過的，為了間接體驗到毒品衝動或吸毒亢奮的樂趣，像瑞秋父親這樣的阿飄，可能會鉤住海洛因成癮且仍然具有肉身的人。

如果瑞秋的父親投胎轉世，他將會帶著容易海洛因成癮的脆弱特性。他必須面對海洛因且拒絕海洛因，必須先戰勝海洛因，才能夠體驗到那份全然的贖罪感，以及與神的全然融合。請求寬恕是平衡業力的重要步驟，但是在那之後，我們必須透過為生命提供服務來平衡債務，讓自己釋放掉製造更多相同業力的心理習性。

靈魂中、心靈裡、潛意識內都有紀錄，那是我們脆弱易受傷的地方。因此，我們輪迴轉世，為的是得到強化。而我們發現，我們的優勢實力，就在我們的「較高自我」裡。

謀殺業

現在我們來看看，關於平衡謀殺的業力，這部電影怎麼說明。尼爾森一直到被置於比利的處境，且經歷了他加諸在比利身上的同樣死法，才找到解答。尼爾森被石頭攻擊，手沒抓好，從樹上摔下來。

真相是，業力並不是因為「我打你，你回擊——現在我們扯平了」就得到平衡。假使我在某個前世謀殺了你，而你現在謀殺了我，並不代表我們倆就兩不相欠。謀殺行為違反了宇宙律法，以身體暴力（毆打某人或痛扁某人）釋放被壓抑的情緒的行為，其實違反了愛的法則。不妨說，那是宇宙本身被生命對抗生命所造成的傷害擊倒，脫離了原本的軌道。

業力法則不是復仇法則。為某個行為贖罪不只是以眼還眼、以牙還牙，還要復原失去的東西。如果你謀殺了某人，就必須把那個人生出來。

我們的子女通常是我們業力的產物，包括正向和負向的業。人們之所以走在一起，因為他們倆都虧欠某人，或是某人虧欠他們，不然就是他們彼此之間以及與不同的子女之間可能有業力存在。一個孩子可能是妻子的業，另一個孩子可能是丈夫的業，包括善業或惡業。而且人們意識到這點。我們常聽到人們說些諸如此類的話：「她是她爸的孩子。」

因此，謀殺業始終是要獻出生命作為交換。暴力的業力，是要給出和平與舒適以及慰藉和支持，而且要戰勝透過暴力控制他人的情緒或心理傾向。

另一種謀殺業可能是在某人的下一世死的不是時候。透過意外死亡，我們不僅經歷死亡，而且發現，往往在人生的全盛時期，機會被切斷了，無法平衡業力和實現我們存在的理由。

每一個業力情境都不一樣。當然，就某些案例而言，死刑或對應的一命償一命行為，確實可以平衡掉大部分或全部的謀殺業。由於兩人之間的業力如此複雜，而且可以回溯到許許多多的前世，因此某些案例，可能可以套用以眼還眼或以牙還牙的方法。然而即使這個方法確實適用，但就解除業力紀錄和心理狀態而言，這個方法是沒有價值的。

超越懲罰與寬恕

謀殺犯被要求經歷治療或入獄接受人類關於愛和慈悲的觀念，充其量只是暫時的解決辦法。人類的愛是人類的生命中必不可少的成分。但永久的療癒、蛻變、轉化，唯有透過神的愛和神的介入才可能出現。

尼爾森該怎麼做，才能平衡他在比利．馬浩尼死亡事件中的業力呢？進少年感化院並不是全部，那不能讓比利起死回生，也不能去除掉比利在被孩子們嘲弄時，加諸在他身上的巨大仇恨負擔。在找到心理上的解答之前，比利真正攜帶的痛苦，是被同輩拒絕的痛苦。對孩子來說，沒有比這更痛苦的了。比利未來必須努力工作，非常努力，才能因為愛而銷毀那股憎恨。尼爾森的受苦並不能減輕比利受的苦。為了替自己的行為贖罪，尼爾森必須做的不只是受苦。

此外，尼爾森必須做些事，才能讓比利有可能再次呼吸到生命的氣息，釋放掉那段經歷和因此受創的負擔——首先是被所有玩伴討厭的負擔，其二是死的不是時候、年紀輕輕便被切斷生命的負擔。被石頭砸死並從樹上摔下來，這可能是比利的業力，否則他可能一直是個無辜的受害者。

總是有新的業力行為，讓無辜的人受到冤屈。新的業力每天被製造出來。但因為我們一直在這顆星球上進化，某些案例更是進化了數百萬年，因此有許多賬待結清。而今天，業力正在浮出檯面。今天，幾乎可以向你保證，你生命中正在發生的事，就是一個業力情境。如果不是業力，那肯定是靈性之路上的靈魂考驗。

阿飄對物質身體造成的傷害

問題來了：比利．馬浩尼是真實的嗎？還是尼爾森頭腦裡的虛構人物呢？答案是，兩者都是。所以，比利可以對尼爾森造成身體上的傷害，也因此，大衛發現他們在卡車上暴力相向後，比利便消失無蹤。

尼爾森清晰的記得比利．馬浩尼在樹上的樣子，可以隨時回想起來，而他也時時回想，因為那個創傷尚未解決。比利當然也有強烈的情緒，被緊緊綁在那個情境裡。在他被石頭猛砸的時候，他有極大的憤怒和恐懼，但是當他摔下來死去時，這變成了盛怒肆虐。他無法對玩伴們發洩肆虐的盛怒，因為他死了。因此，在後來與尼爾森發生的那些事件中，比利在某種程度上，是他的存在脫離了他的表意識心智，透過他的無意識和潛意識紀錄，企圖復仇。

當尼爾森刺穿物質世界與物質世界之外的那層帷幕時，他變成了一塊磁鐵，把比利．馬浩尼滿懷敵意的情緒，吸引到自己身上來，這麼一來，成為客觀現實的那個馬浩尼，才能夠接觸到尼爾森。甚至可以說在此之前，比利就已經用憤怒不斷轟炸著尼爾森，儘管尼爾森無法確認源頭。你可能很錯愕，我居然是說，經過那麼多年，比利・馬浩尼仍用憤怒不斷轟炸著尼爾森。在某個層面，比利可能已經寬恕了尼爾森，但在另一個層面，他正在攻擊尼爾森。

來自另一邊的力道，可以突破侵入到我們的物質世界，造成身體上的傷害。尼爾森在身體上被來自星光層的比利所傷，這其實是一個極端的例子，很少發生。非洲女巫醫師和巫毒施放者可以導致類似的事件發生。人類的憎恨可以造成地球另一邊的死亡和事故。何況你是否聽過某人說：「我從樓梯上走下來，突然間，毫無理由的，我的兩隻腳踩空，然後就摔斷了一條腿？」你也可能曾在沒有明顯原因的情況下，經歷了某種奇怪的不幸。

不需要因為知道這樣的事可能會發生，就變得憂慮或迷信。它告訴我們，我們必須捍衛自己的意識，才不會脆弱容易受傷，容易受到他人的心念和感覺世界的攻擊。當我們請求大天使麥可保護我們時，祂一定會保護我們的。

扮演神

尼爾森打定主意，他要讓自己經歷死亡，以此贖罪。他以為，他終於可以擺脫自己的無意識心智，和比利的無意識心智的攻擊。但如果尼爾森自殺成功，他與比利之間還是有業力的。

所謂的現代人（其實是科技先進的人們投胎轉世，這些人來自某個摧毀了自己世界的古文明）就是在這裡扮演神。現代人想要自己做主，想要訂規矩，於是說：「好吧，我做了這個舉動。現在我要做這件好事。然後因為做了這件好事，我就會清掉這筆債。」

這部電影中欠缺的一大要素是「神聖的中保」（居中調解人，你的較高自我或基督自我）。在《別闖陰陽界》的角色中，我看不到謙卑。我看見他們的苦惱帶來的折磨和劇痛，但是我沒有看見神聖的潤滑劑，在他們自己與他們的行為之間起到潤滑的作用。當他們發現自己必須考慮業力後果時，便決定要自己做主。他們正企圖繞過神和神聖的中保。

《別闖陰陽界》裡的人是竊賊和強盜，因為他們正在劫掠到期的債務。大限到時，我們將會抵達生與死的門戶，我們將會體驗到自己的生命回顧，我們將會面對今生未能平衡的所有事物。當人們向我請教這件事的時候，我告訴他們，我的建議是與神講和吧，與人生中你曾經虧欠過的每一個部分講和吧，以及與人生中曾經虧欠過你的每一個部分講和吧。

當你順服神的旨意時（當你能夠讓你的人類意志臣服於神的旨意時），你便具正開始了靈性之路。當你渴望返回到神的天家，根據神的規則而不是你的規矩，玩著生命的遊戲時，你就會心懷謙卑，允許基督進入。

科學與宗教

我想要進一步檢視，《別闖陰陽界》對身為「基督」的耶穌怎麼說。在瑞秋對父親去世的記憶中，懸掛在童年家中牆上的耶穌畫像，是不可磨滅的一部分。事實上，她的瀕死經驗，就從這幅畫像開始。

選擇使用這幅畫，可能顯示電影創作者對耶穌懷有潛意識的憤怒。這部電影的訊息是：「耶穌沒有幫她，對吧？祂是牆上的一幅畫。祂沒有阻止她父親自殺。如果耶穌是真正的救世主，祂不會允許這樣的事發生。」要傳達給觀眾的訊息是：宗教是假的。耶穌不會在你需要的時候拯救你，因此你必須拯救自己。那幅畫的存在，表達了對宗教的怨恨，八成源自於創作者（不論插入這一段的創作者是誰），累世與有組織的宗教有過不愉快的經驗。

《別闖陰陽界》中另一個想要扮演神的角色是大衛。在他沒能救活尼爾森之後，大衛對宇宙大喊：「對不起，諸位。抱歉我們踩到了你們該死的地盤。對不起。那樣還不夠嗎？」（**I'm sorry, guys. I'm sorry we stepped on your f**g territory. I'm sorry. Isn't that enough?**）我甚至不確定他是在跟誰說話，甚至不確定「諸位」（guys）是不是意指認定科學是神的墮落人類。這些學生們已經踩到了這些神靈，而不是全能的上帝的地盤[2]。

對我來說，這個場景是整部電影中最痛苦的體驗，因為它顯示，大衛的靈魂褻瀆了為全世界賦予靈魂的慈悲的神。「那樣還不夠嗎？」是洩了底的一句話，根據的都是大衛的條件。他應該被寬恕的，因為他說對不起。那應該足夠了。他不必為強占天堂負起責任。

自由意志與問責制

大衛認為尼爾森不該死，那可能是正確的，也可能是不正確的，但那是大衛的評估。他為尼爾森在童年時期參與比利死亡一事找藉口，說那是一個錯誤，因為尼爾森當時還是小孩。但尼爾森和遊樂場上的其他孩子，都犯了成年人的罪行。大衛正在對神宣揚「無問責制」（nonaccountability），但神的宇宙是靠「問責制」（accountability）運行的。

如果這個故事是忠於人生的，那我們可以得出結論，大衛是對的。尼爾森不該死，但不是基於大衛的理由。尼爾森確實起死回生，而觀眾們鬆了一口氣。大衛把自己看成救世主，因為他決定再次嘗試救活尼爾森，即使其他人已經放棄了。大衛成為一個像基督一樣的人物，但他拯救尼爾森並沒有得到神的許可，也不認為他必須遵守神的規矩。

❷ 譯注：作者觀賞的是這部電影的第一個版本，後來在全球上映時，大衛對宇宙大喊的話是「I'm sorry, God ……」不是「I'm sorry, guys ……」

因此，大衛大喊，向宇宙求助。身為自詡的神，他即將在這個實驗中失敗。當他把尼爾森救回來時，他當然不是要把榮耀歸於神。唯一感謝神的角色是蘭道・斯德克爾，那個所謂的蠢蛋。這告訴我們，只有蠢蛋才會說那樣的話。真正的英雄都是站出來，採取行動的。

自由意志（free will）是神方便人類自主自決的恩賜。這些擅闖陰陽界的人以科學之神的名義，反抗神的律法和自由意志的恩賜。當你在人世間行使自由意志，以此彰顯神在天堂打造的模式，好讓你能夠返回到天界的住所，這時，你就是在以自由意志該被使用的方式運用自由意志。

為了讓你可以行使自由意志，神必須給你另一個選擇。祂必須允許黑暗，祂必須允許你與墮落的天使們交往。否則，你將無法行使你的自由意志去選擇對的事，去選擇光。神賜予我們自由意志，這樣我們才不會變成神的心智的電腦版延伸。我們選擇光明或黑暗可以向神證明，我們不是因為祂提供的東西比較好才選擇祂，儘管神提供的東西確實是比較好。我們選擇祂是因為我們「愛」祂，勝過生命的黑暗面所能提供給我們的最大快感。

靈魂自由的代價

有些人很氣神，因為神允許地震、死亡和意外事故。他們想要一位想像的神，可以為他們完成每一件事。但這會否定神對自由意志的宏偉實驗，包括處理我們行使自由意志的結果，也就是業力。

遊戲的名稱是自由。人們想要自由，且不必為自由付出代價。他們想要國家照顧他們，他們想要社會主義，他們想要共產主義，他們想要愈來愈多的政府操控。他們不想要與神共同創造，他們不想要為自己的行為或自己的命運負起責任。他們希望政府或別人負起責任，這樣就可以將自己的不幸怪罪在他人身上。

我相信，這種心理狀態，許多是在童年時期被反覆灌輸的，因錯誤的宗教概念，因放縱的父母不讓自己的孩子面對現實，每天處理問題。他們沒有教導孩子，人生涉及解決問題，人生是有後果的，我們必須有膽量去面對自己行為的後果，且有膽量付出代價。擴大愛與寬恕並不是付出代價，但這是解決業力的重大開始。現在我們必須起身償還彼此的債務，對神、對社會的債務。

針對這個心理狀態，我建議可以深入研究的一本書是卡爾・榮格撰寫的《未發現的自我》（*The Undiscovered Self*）。我非常尊敬榮格，覺得他受到了揚升上師們的啟發。他在一九五〇年代寫了這本書，評論當時共產主義與自由世界之間的衝突中，到底發生了什麼事：將權力授予國家，國家變得無所不能，以及這對個人造成什麼影響，個人是如何被消滅的。因此，你可以從你的較高自我的層次研究這個課題，而不是從迷戀人類自己的心智頭腦出發，從後者出發是非常危險的事。❸

從星光層逃離

回到電影《別闖陰陽界》，我的評估是，這四個醫學院學生，因為自身未解之事而去到星光層。如果沒有被救活，他們一定會卡在那些場景中。他們會一直被困住，直到有人願意抽空召喚天使來解放他們為止。

我對生命的服事，包括在光的靈魂們在過渡時期呼求召喚，包括基於某個原因而被卡在星光層的人們。大天使麥可隨時準備好揮動祂的藍色火焰寶劍，在往生者業力允許的範圍內，幫助他們達到死後生命的最高層級。

這是一段《別闖陰陽界》的簡短評估。這部電影展現出一層層的細微差別，讓人不知道該從哪裡開始詮釋，或是在哪裡結束詮釋，一直到，你想起它只是虛構的故事。但我們生命中的靈性課題可是真實不虛的。

---

❸ 榮格（Carl G. Jung）在一九四四年經歷了一次不尋常的瀕死經驗，你可以在文末的附錄三讀到榮格在自傳中的描述。

第六章 命令光

我們必須用力量和能量祈禱，
因為星光層的勢力
橫行在今天的物質世界中。
——依麗莎白．克雷爾．普弗特

你可以看到，你需要非常覺知且保護自己，避開我為你描述過的阿飄危險情境。我希望你擁有可以幫助你主宰和保護自己的靈性工具，讓你能夠實現自己今生的目的，繼續前進到更高的層級。

揚升上師們賦予我們的方法是，讓自己脫離這些低階振動，進入乙太層級，這與「動態聖諭」（dynamic decree）有關，也就是，運用口說的「道」（spoken Word）的科學。我用「動態」（dynamic）一詞，因為聖諭是強而有力的。聖諭喚起大量的能量，修行和聚焦的能量，這種能量用光充滿言辭的矩陣，彰顯我們內在渴望。

聖諭是強而有力的方法，可以取用已經在你內在的神的力量，同時擴展早就在你內在的神的潛能。聖諭是一種口頭祈禱，就像印度教和佛教的持咒，以及其他文化傳統代代相傳的口頭祈禱。耶穌也用口頭祈禱療癒，命令病人被治癒，惡靈被趕走。下達聖諭使你與你的較高自我連結，對你釋放出大量的靈性力量和能量。

以下是一句簡單的聖諭：

讓光在我的內心深處擴展！

那是一句命令，光一定會服從。像這樣簡單的召喚可以幫助你聚焦專注，讓所有的光進入你的內心深處。試著說出這句話，看看你會從你的較高自我那裡，感受到什麼樣的回應。

心與腦的狂熱

一則簡單的召喚，用狂熱的心造就，秉持著偉大的神的欲念造就，且知道神的律法萬無一失，必會成功奏效。這類召喚總是驅策答案出現。我們只需要記住，即使表意識不知道這個改變應該是什麼樣子，也可以產生對的改變。

一位揚升上師告訴我們：

如果你的召喚虛弱微小、二心二意，你將會得到虛弱微小、三心二意的答案。

但是如果，你懷著全然的熱忱，全心全意加上你的整個存在，對神大聲呼喊……代表人世間受苦受難的人們，而且你提出強而有力的祈請……如果你每天這樣做……你將與神格（Godhead）的內心建立起非凡的聯繫，因此你的後半輩子，只要提出的祈禱合法，都不會被拒絕！[1]

我們必須用力量和能量祈禱，因為星光層的勢力橫行於今天的物質世界。若要對付這些，若要處理被惡魔附身以及加諸在人們身上的重擔，你必須帶著權威說話，那是神說「你們可以吩咐我」（Command ye me）[2]的時候賜予我們的。因此，當你純淨的與你的較高自我交流，同時說出一句例如我給你們的那些聖諭時，你就是把聖諭當作命令給出，帶著巨大的力量。

如此吩咐神臨在，那份巨大的力量，透過與你同在、透過你發出聖諭的你的較高自我到來。相信我，有必要以如此強而有力的方式祈禱，才能夠讓自己擺脫來自星光層的低階拉力。希望你可以好好享受這個過程。

無論你依循什麼樣的靈性之路，都可以因為將聖諭新增至你的靈修奉獻而受益，因為在所有對神的請求中，動態聖諭是最強而有力的。

用白光封印

藉由祈請被我稱作「光的管道」（tube of light）的白光圓柱，你可以保護自己免於各種傷害，不只是身體的傷害，還包括看不見的無形傷害。你可以把這事安排在早上的第一件事，然後全天候加強。要設法以發自內心的強度送出這則召喚：

摯愛的燦爛的「我是」臨在
圍繞我將我封印在祢光的管道中
祈請來自揚升上師的火焰
此刻以神之名召喚。
護佑我聖殿
免於所有朝向我的不和諧。
「我是」召喚紫色火焰現前

燃燒並轉化所有的欲求。
奉自由之名持續下去
直到「我是」與紫色火焰合而為一。❶

好好保護自己。如果基於任何原因使你感到不和諧，請重新建立你的和諧，並重新建立你的光的管道。負面勢力，可以在你的人生中製造預計可以打亂你的境遇，直到你失去平衡、變得不和諧為止，那導致光的流失。

神給你的光恰好使你可以保持和諧。如果你可以保持和諧，就可以增加自身的光。如果你沒有能力保持和諧，製造問題的無形勢力就會出現在你的世界中，然後你整個人心煩意亂。你從神那裡接收到的光熄滅了，你枯竭耗盡。

也因此，你需要光的管道幫助你強化，因為你無法靠你的人類意志保持和諧，你需要你的較高自我和天使們陪伴你。單靠人類的意志力，有許多事是我們無法完成的。我們可能會被有事便心煩意亂和心神不寧的習慣模式所擊敗，這些模式甚至是來自前世。尋求與神合一的更高階方式，就是開始培養實力、抵抗陷入那些模式的方法。

我想告訴你一則驚人的故事，講到某人定期且虔誠的使用這則光的管道聖諭。一名來自某非洲國家的男子告訴我，他人生中的這個事件。他曾經在祖國的政府機關任職，政府垮臺後，他與同在政府機關服務的其他人一起被囚禁。

坐監期間，有人介紹他認識聖諭。他一遍又一遍的唸誦這些聖諭，白天唸誦，夜晚唸誦。聖諭一直是他的慰藉。

被監禁了數週之後，一天，他和其他囚犯被叫到一排行刑隊前方。他們被排成一列，然後下令開火射擊。每一個囚犯都倒下，除了這名男子。士兵們看著他，他們難以置信的再次看著他。射擊的命令再一次發出，而且這一次，士兵們全都瞄準這名男子，再次開火。他還是沒有倒下。

於是士兵們非常恐懼。為首的士兵說：「你一定是個好人。我們會讓你離開。」

這名男子活著告訴我這則故事，而且他說，是他的「光的管道」救了他。

---

❶ 關於紫羅蘭色火焰及其作用的更多信息，請見本章後文「紫羅蘭火焰的奇蹟」。

你需要有神護持

永遠永遠永遠，開始對付惡靈、惡魔或阿飄的方法，都是召喚大天使麥可。祂是我們的信心、我們的人員、我們的家庭、我們的社區、我們的國家的守護者。你不靠自己挑戰黑暗勢力的原因是，多數情況下，黑暗勢力濫用神的光、能量和意識所達成的，遠大過你乖乖取得神的光、能量和意識所達成的。

因此，你需要在天父面前有一位維護者。神給了我們一個「較高自我」，也就是「基督自我」。如果你要趕走惡魔，總是要邊驅趕邊說：「我以全能的神和我個人的神聖基督自我的名義，以大天使麥可的名義，趕走這個阿飄存在體。」

不過，在做出這樣的召喚之前，你需要呼求大天使麥可和祂的藍色火焰寶劍前來協助。你和我絕不適合直接對抗這，但大天使麥可對抗得了。因為我們的召喚，祂將會帶著祂閃耀著火焰的聖靈寶劍，掃過我們全身，清除掉影響我們的物質身體，以及我們的星光體、心智體乃至乙太體的症狀，移除掉神的律法允許移除掉的一切。此外，祂校正我們，使我們對齊神賜予我們每一個人獨一無二的內在藍圖。但我們必須每天靈修奉獻，強化這個行動，因為天使的光往往會上升並返回到乙太層級，除非每天有人召喚天使們的光，下降到我們居住的層級。

發出聖諭和發出祈請的原則是，天界的主持們和天主的軍隊，將會前來保護我們。祂們回應我們的召喚。

日常防護

有一個不錯的點子，早晨起床後，挪出至少二十分鐘，專注於你當天的保護聖諭。你甚至可以在淋浴時或上下班通勤期間，發出聖諭。做就對了！永遠先召來你的光的管道，然後是具保護作用的藍色火焰。

以下是一段你在任何時間均可發出的召喚，不論白天或黑夜，只要你覺得有需要建立防護。觀想大天使麥可由無數的天使們陪伴著，無論你到什麼地方，祂們都會保護你、為你護航。大天使麥可還會封印往生者，護佑他們免於落入星光層。

天使長麥可在前，天使長麥可在後，
天使長麥可在右，天使長麥可在左，
天使長麥可在上，天使長麥可在下，
無論我去到哪裡，天使長麥可都在！

「我是」祂的愛在此保護著！
「我是」祂的愛在此保護著！
「我是」祂的愛在此保護著！

守護、守護、守護我們
靠祢的愛的電光！
守護、守護、守護我們
靠祢高高在上的大我！
守護、守護、守護我們

靠祢神祕的光之力量！
守護、守護、守護我們
靠祢偉大而榮耀的威力！
而且永遠確保我們的安全
在祢發光的鑽石之心中！

看見大天使麥可，指揮祂閃耀著火焰的寶劍之力，銷毀所有負面情境的原因與核心，包括那些源自惡魔或阿飄存在體，且可能存在於你或你的摯愛裡面或身上的負面情境。

三個英文字換來一次安全著陸

我最近剛學到聖諭是怎麼一回事，在此之前，我從來沒有發出過聖諭。這讓我認識了大天使麥可。

親歷美國國家運輸安全委員會（NTSB）認證的「空難」

為了一週一次的通勤，我登上一架波音七三七飛機，坐在平時常坐的近後排靠窗座位。飛機飛行了十五分鐘之後，突然砰的一聲巨響。我正在努力記錄的筆記本，從我手中飛了出去。

我不假思索的喊道：「強大的我是！」（Mighty I AM!）然後立刻把腦袋置於雙膝之間，等待空服員發布標準緊急通告。

然後我抬起頭來，看見藍藍的天空。飛機前三分之一的整個頂部不見了，從駕駛艙後方到機翼，從飛機一側的地板到另一側的地板。

沒有人發布安全通告。機身剝落時，一名空服員從飛機上被吸了出去。另一名空服員徒勞的試圖將氧氣面罩從頭頂上方搖搖欲墜的剩餘置物櫃中拉下來。

我不知道是否有人在駕駛飛機，我心裡想著：「所以，這是死亡的感覺囉。」然後我意識到，自己並不害怕。事實上，一股平和感似乎瀰漫著整架飛機。

我還是不知道是否有機組人員，但我們似乎是飛在航線上。我們置身在四二〇〇公尺的高空，飛機的好大一部分不見了，同時以每小時五五五公里的速度飛行著。

十三分鐘後，我們確實在機場安全著陸——多虧訓練有素的飛行員技術高超，加上大天使麥可陪伴在側！參與美國國家運輸安全委員會（National Transporation Safety Board）調查的每一個人都表示，這架飛機撐了那麼久且只有一名空服員死亡，實在是奇蹟啊！

——一位大天使麥可的見證者

暴力的背後是什麼？

除了阿飄存在體之外，還有另一種「群集存在體」（mass entity）。群集存在體是人類認定不合格的能量構成的力場，是沒有揚升的人類的心念和感受的產物。這些存在體是人類自己的憎恨、暴力、戰爭、貪婪、殘害、謀殺、八卦等等動量的積累，它們成為一座座黑暗的島嶼，漂浮在星光層。它們可能像城市一樣大，而且非常致命，專找物質身體和心智頭腦可以被用來大肆破壞的人們。[3]

惡魔的勢力，將這些黑暗的貯存器對準毫無戒心的靈魂。當邪惡能量的漩渦聚焦在毫無戒心、對這類勢力欠缺防禦力的人們身上，或是因自身的負面性而使他們易受影響的人們身上時，有時會造成被診斷為暫時性精神錯亂的犯罪行為。

這就是為什麼有時候，在發生集體謀殺、槍擊或其他暴力行為時，你會看見同樣的事一再重演。它們一波波、週期性的到來，席捲整個國家。失衡的個人在新聞中聽見某起大屠殺，會瘋狂的完全沉浸在其中。那個群集存在體，依照同類相吸的法則被吸引到他們身上，而且那個惡魔群集就像一大群蜜蜂，是一個巨大的能量力場，移向人類鍊條中最薄弱的環節，然後透過那個人行動。[4]群集存在體可以透過瘋子、透過領導人、透過指揮各種大規模謀殺和暴行的人們運作。

現在你可以理解，為什麼我們的警察、保安部隊和軍方，盡了最大的努力卻一直無法阻止暴力和犯罪的增長。他們的努力必須得到屬靈工作的支持，針對星光層的黑暗、針對物質表象背後的力量下功夫。我們對大天使麥可的召喚是必要的，可以阻止這些星光層的積累進入，並留存在我們自己的潛意識中，以及世界各地毫無戒心、易受傷害——尤其是性情反覆無常的人們的潛意識中。

記得幾年前發生在某座大城市裡的一起事件，當時一名凶手在七個月內犯下了十四起謀殺案和二十起強姦案。一名女子告訴我，一天清晨五點，她心中感覺到強烈的決心，就是這一天，殺手必須被逮捕。她開始向大天使麥可祈禱，而且每小時重複同樣的祈禱，貫注於同一個目標——逮捕這名凶手。就是在那一天，凶手被逮捕了。

這則故事顯示，大天使麥可可以透過一個忠誠靈魂的祈禱介入。你可能不相信這樣的壯舉可以透過一個人的多次祈禱完成。奇蹟為相信的人存在，當你開始看見大天使麥可透過你的祈禱展現的奇蹟時，你一定會變成相信的人。[5]

紙老虎會傷人

雷蒙．穆迪在他的其中一本著作中，談到一名企圖自殺的年輕男子，男子「描述了一些可怕的存有對他張牙舞爪的影像，就好像下降到但丁的地獄中。」[6]所以，這些在星光層中的可怕存有，是真實不虛的還是想像出來的？

一位揚升上師對我們解釋過這點：「我要向你們強調，想法是真實的。我要向你們強調，圖像化的想法是真實的，當人們因使用迷幻藥，而進入到星光層世界，且看見一條黑暗的巨龍時，他們正在經歷一場可怕的聚會，與會者是一股非常邪惡且具毀滅性的黑暗勢力……」但祂也強調，與大天使麥可行使的力量相較，這些影像是紙老虎。[7]

那麼，你認為，成千上萬的人們將注意力放在恐怖電影的星光影像上，網際網路上大量提供的影像上，乃至一年一度萬聖節活動的圖像上，會產生什麼樣的衝擊呢？[8]另一位上師告訴我們，從電視節目和電影中，我們的心智頭腦接收到「數以百萬計的負面印象，那些隨後在潛意識心智中被處理和同化。」事實上，他說：「媒體是操縱美國和全世界年輕人思想的主要控制因子。而且你最好意識到，雖然某些電影的內容極端暴力，但它也是不著痕跡的。」[9]

大天使麥可的外貌

我記得做了一場鮮明而可怕的惡夢。我被強行鎖在一座幽深的洞穴裡，周圍到處是惡魔，折磨且拷打著我，同時在一道牢房柵欄的另一側，我可以看見我的身體在睡覺。我大聲哭喊，懇求我的身體醒來，但無濟於事。最後在絕望中，我想起了如何簡單召喚大天使麥可。

瞬間，我回到自己的身體裡。當我從床上坐起來時，恐懼開始消退。一團模糊的藍色天使，正迅速追趕著一個陰暗群集，陰暗群集迅速穿過敞開的窗戶逃離，消失在視線中，而天使們緊追其後。

我的視線重新回到床腳，然後我看見大天使麥可站在那裡，因來自另一個維度的太陽微風，祂的金髮飄動。祂充盈著整個空間，從地板到天花板，手握寶劍，劍在身前。祂有著年輕戰士有稜有角的面孔，以及燦爛的金色盔甲和天國的翅膀——

整個散發著且相互滲透著透明、鮮亮的鈷藍色。

如果一個人的眼睛是他的靈魂之窗，那麼大天使的眼睛便是整個宇宙、過去、現在和未來的門戶。祂的凝視，讓我感受到慰藉、和平與超然的愛。有麥可成為我的守護者，什麼都傷不了我。

——一名感恩的信徒

強力呼求天國的幫助

我想介紹給讀者一篇對大天使麥可的祈禱文，那是教宗利奧十三（Pope Leo XIII），在看見震懾邪惡的強大異象之後寫下的。從一八八六年至一九六四年，天主教彌撒結束時，都要唸誦這篇祈禱文。天主教徒用它來驅除專門捕食一個人的光和意識的邪靈，清除地球上的黑暗勢力。[10]

我採用這篇祈禱文，新增幾行對我們今天理解這個靈性方程式來說，至關重要的內容。我還為讀者新增了一個位置，讓你插入個人的特定禱詞，以此約束攻擊你的家庭的黑暗勢力，或是人生中你認為有黑暗勢力，可能正在對抗你、你的社區、國家或整個地球的任何情境。這些情境包括：強行附身的阿飄存在體和惡魔，導致我們的年輕人沉迷於毒品，以及各種有害的物質和活動。毫無疑問的，這些存在體進到我們的孩子身上，留在那裡，造成人格改變和開始叛逆。

在我向大天使麥可祈禱的祈禱文給予讀者之前，我希望先為讀者們提出下述祈請：

以從不失手的神之光的名義，我召喚全能的主耶和華。強大的我是臨在、神聖的基督自我、大天使麥可，以及白火和藍光軍團，我們在這個時刻召喚祢們，約束可能影響我們的個人生活、我們的家人、我們的配偶、我們的孩子的生活的每一個阿飄存在體和惡魔。我們要求在這個時刻，約束苦惱我們和整個行星體的那些原因和情境。聖母馬利亞，來自東方和西方的所有天國聖哲，在這個時刻，聽見我們代表所有需要護持的人們訴說的祈禱文。我們感謝祢們，且接受這事在這個時刻全力完成。以聖父、聖子、聖靈、以及聖母的名義，阿門。

你可以唸出下述祈禱文，一次、三次、九次，或是直到你感覺到光的行動，已經因你的意圖而達成了：

大天使聖麥可，在世界末日的善惡大決戰（*Armageddon*）中捍衛我們，保護我們對抗惡魔的邪惡和陷阱；願神訓斥惡魔啊，我們謙卑的祈禱；而請祢，天主的王子啊，憑藉神的力量，約束死神與地獄的勢力、撒旦的後裔、反基督的虛偽階層、以及所有為了毀滅靈魂而遊蕩世界的邪靈，將它們還押給「聖火法院」（*Court of the Sacred Fire*）做出最終審判，包括：

（在此唸出你個人的禱詞。）

趕走暗黑靈和他們的黑暗、為非作歹者以及他們的邪惡言詞和作品、原因、結果、紀錄和記憶，趕進為惡魔和惡魔的天使們準備的聖火湖之中。[11]

以聖父、聖子、聖靈、以及聖母的名義，阿門。

紫羅蘭火焰的奇蹟

除了召喚大天使麥可，你還需要對我所描述的各類情境做些什麼呢？在藍光天使清除掉你的世界裡的阿飄、惡魔、各種負面勢力之後，該是用紫羅蘭色火焰填補閒置空間的時候了。事實上，若要平衡個人和世界等級的業力，紫羅蘭色火焰是不可或缺的關鍵。

紫羅蘭色火焰（**violet flame**），結合代表神的力量的藍色火焰，以及代表神的愛的粉紅色火焰，成為悲憫、轉化、寬恕的宇宙溶劑。它清除業力，持續使用紫羅蘭色火焰，可以轉化好幾世紀以來人類許多化身積累的負面業力，那樣的業力，不僅給世界帶來沉重感，如果任其發展，更可能將更大的黑暗帶到地球上。❷

當我們祈請這把神的寬恕火焰時，這些黑暗的累積物便突然間燃燒起來。我們可以觀想自己、我們的親人摯愛、政治局勢、經濟、我們的國家、國際關係，以及每一個不幸的顯化，都在這場悲憫之焰的大火中燃燒著，使全世界洋溢著紫羅蘭色火焰，和寬恕的歡樂、跳躍波浪。你可以利用紫羅蘭色火焰，解放天堂和人間各個層級的原子、細胞和電子。以下是一段冥想，幫助你感覺到紫羅蘭色火焰的作用：

> 讓你已經固鎖在人類誤解的習慣模式中的能量被解鎖開啟，因為理解神的律法，支配著我們使用聖火的神聖習慣模式。讓受制於人類意志的能量，現在由神的旨意所控制。
>
> 讓這些能量遵照我們現在祈請的宏偉設計湧現，以此作為我們的地球以及地球進化的藍圖。「如其在上，如其在下。」透過口說的「道」的科學，從「要有光！」開始，直到「也有光！」結束。

紫羅蘭色火焰不摧毀，因為神的律法是精確的：神的能量既不是被創造的也不是被摧毀的。紫羅蘭色火焰改變、轉化，它剝去人類不完美的稠密外罩的原子和分子。靈魂天生的神聖完美，和她最初完整圓滿的渴望得以回復。假我的幻相與妄想的外殼，乃至老年和死亡的律法，都被消融了。

紫羅蘭色火焰是生命的靈丹妙藥，青春的源泉，天使的笑聲。它輕快的力度與風趣的喜悅，嘲笑著地獄的星光層級。緊接著聖靈的紫羅蘭色火焰，燒毀一切的大火之後，就只剩下在你裡面和在神裡面的真實！

成為神的工具

我現在要給你的聖諭，採用神的名字「我是」（I AM），伴隨一系列肯定語句，申明這把等於是紫羅蘭色火焰的聖火。永遠要牢記在心，當我們說「我是」的時候，我們

❷ 如需紫羅蘭色火焰冥想搭配有豎琴音樂的真言唸誦，請造訪 https://www.youtube.com/watch?v=3mVOKzv2eYQ

是在申明「在我裡面的神是」。

因此當我們說「『我是』現在在我裡面行動的紫羅蘭色火焰」時，我們說的是「在我裡面的神，是現在在我裡面行動的紫羅蘭色火焰。」這是一個非常有趣的力場定律。我們正在聲明，「我是」在哪裡，神就在那裡。而且神所在的地方，祂就是這個行動、這個具體的紫羅蘭色火焰行動的充分全然，那是神自己真正的存在。

然後，需要理解神的律法且針對神自己真正的存在靜心冥想，我們才能夠有效運用口說的「道」的科學。當我們發出聖諭時，我們並不是心不在焉或徒勞無功的重複唸誦。我們正在進入一門非常神聖的科學，藉此我們自願進入與神合而為一，與神一起成為共同創造者。這個共同創造的居中調解人，始終是我們的較高自我，又稱「神聖基督自我」。

觀想一把三聖火焰，由神的力量、智慧和愛構成，從你的內心擴大增長——左邊是代表神的力量的藍翎火焰，中間是代表神的智慧的黃翎火焰，右邊是代表神的愛的粉紅翎火焰。

現在，看見三聖火焰周圍有一圈白光。大聲發出這則聖諭，直到你感覺到紫羅蘭色火焰的行動，流經你全身為止。然後看著它擴展，成為廣大浩瀚的宇宙意識。

「我是」紫羅蘭色火焰
現在在我裡面行動
「我是」紫羅蘭色火焰
獨自對著光鞠躬
「我是」紫羅蘭色火焰
在強大的宇宙力量之中
「我是」神的光
時時刻刻發光發亮
「我是」紫羅蘭色火焰
像太陽一樣熾熱燃燒
「我是」神的神聖力量
讓每一個人得自由

以全然的信，我感謝接受這一切就在此地此時顯化，充滿力量，恆常持續，全能活躍，始終擴展，擁抱世界！

當我發出聖諭時，用的是與我平時說話不同的聲音。那是我裡面的神從我的內心深處和我的靈魂深處說話。當我張開嘴，將我的能量集中在內心時，我將自己的存在完全交付給神。這樣的歸於中心，允許聖靈的能量使用我的喉輪或咽喉區能量中心。當你對理解成為神的工具感到自在舒服時，同樣的事也會發生在你身上。

第七章

你需要知道的輪迴轉世

天才就是經驗。
有些人似乎認為，天才是恩賜或天賦，
但它其實是累生累世長期經驗的成果。
有些人是老靈魂，比其他人年長，所以他們知道比較多……
我希望向其他人傳達，
長遠的生命觀為我們帶來的那份平靜。

——亨利·福特（Henry Ford）

西方宗教（西方的神祕傳統除外）是唯一得出結論，認定靈魂在人世間只有一輩子的宗教。然而多年來，相信輪迴轉世的美國人的數量，包括許多基督徒在內，卻一直穩定上升，許多人對輪迴轉世感到好奇。

科學家說，他們不知道如何量測或研究輪迴轉世。你如何追蹤靈魂呢？儘管如此，愈來愈多的醫生和科學家開始相信，有某樣東西——某種更高的智能，某種靈性能量——可以指揮身體內的事物，且一死亡便離開身體。可能科學家終有一天能夠量測並追蹤這個能量（如果你願意，可以稱之為靈魂或意識），從一個身體到下一個身體的路徑。

瀕死經驗與輪迴轉世之間的差異微小。瀕死經驗之後，你回到之前待過的同一具身體。輪迴轉世時，你得到一具全新的身體。在瀕死經驗中，你待在另一邊的時間通常很短暫，而兩次化成肉身之間的時間一般比較長。在某次瀕死經驗之後，人們似乎鮮明的記得這趟經歷。另一方面，對於過去化成肉身的記憶卻相當罕見，而且往往模糊不清。

二〇一八年十月，皮尤研究中心寫道，他們在二〇一七年十二月調查的所有美國成年人當中，三十三％相信輪迴轉世。某些小團體相信輪迴轉世的比例更高，例如，天主教徒是三十六%；有些小團體則較低，例如，福音派教徒是十九%，有一個「宗教上無黨派」的小團體，這類表示「沒有特定」宗教信仰的人們，相信輪迴轉世的比例是五十一%。[1]

瀕死經驗、出體經驗和前世回憶的增加，促成了相信輪迴轉世的人數上升。有些前世回憶的故事，是不準確且無法驗證的，有些是全盤錯誤，結合了幻想與虛構，然而其他描述的準確性，卻令人毛骨悚然。有些人不相信輪迴轉世，斥之為一廂情願的想法或逃避現實。雖然有可能是那樣，但輪迴轉世也可能是靈性開發的強大工具。

輪迴轉世告訴我們，生命是一個連續體，而且我們在過去世的作為，影響自己目前的人生。理解這點可以幫助我們，戰勝恐懼症、慢性健康問題、關係上的困難，乃至在我們的職業生涯和家庭生活中暗中破壞我們的人格特質。當我們對自己的好壞作為負起全責時，我們就是坐在駕駛座上。

想一想，如果我們在西方文明中被教導去理解輪迴轉世，那會造就多大的不同。我們會知道，當前的苦難往往源自於自己過去的行為——不是我們的父母親，不是我們的配偶或子女，不是社會。

輪迴轉世與基督教

大部分的基督教教會都會告訴你，相信輪迴轉世就不是基督徒。沒有輪迴轉世，只有今生今世，你要麼去天堂，要麼下地獄。實際上，我們多數人還沒有準備好上天堂，但也沒有壞到要去到像地獄那樣的地方。

你不覺得奇怪嗎？在現代世界中，居然要其他人告訴我們該相信什麼或是不該相信什麼。令我驚訝的是，人們允許別人發號施令，告訴他們最內在的存在實相是什麼。

我知道耶穌確實教導過輪迴轉世，我在我的著作《轉世輪迴：基督教失落的環節》（*Reincarnation: The Missing Link in Christianity*）[2]當中提出證據，支持那樣的說法。因此，如果你想要確切的知道，教會的神父們對輪迴轉世動了什麼手腳，可以閱讀那本書。耶穌時代的許多猶太人都相信輪迴轉世。如果耶穌拒絕了這個理念，祂一定會解釋為什麼。然而經文中並沒有紀錄顯示耶穌否定輪迴轉世，反而是祂在好幾個地方教導了輪迴轉世，包括在《新約》之中和其他經文裡。在第二世紀，有不少基督教團體相信輪迴轉世。一直到第三世紀，教會才開始否決這個信念。

為什麼輪迴轉世是基督教當中失落的環節呢？在每一個轉折的地方，你都在做決定，你要愛或不愛，恨或不恨，寬恕或不寬恕，幫忙某人或不幫忙某人。地球是一間教室，忙著記錄的天使們，記下了我們的一切行為，但有時候，業力需要一萬年才返回到我們身上，因為事物返回的軌道往往非常寬敞。或者，業力可能從現在起一個小時後就回來。沒有業力和輪迴，生命對我們來說就沒有意義。你會納悶：「我到底做過了什麼事，活該遭受這些可怕的境遇？」乃至：「我做了什麼事，可以賺得這筆難以置信的意外之財？」

「亨利．福特結果如何呢？此時（一九九二年），他還沒有具化成肉身。他正在乙太層上修習性靈的大學裡，研習較高階的課程，而且毫無疑問的，他正在研習他需要學習的東西，為的是最終具備何時該要愛人、何時該要硬下心腸的能力。他當然會再次輪迴，完成他的任務。」[3]

——依麗莎白．克雷爾．普弗特

多重機會

這讓我們看到，為什麼輪迴轉世很重要的另外一個原因：你具有神聖的潛力。你的天命是要與神合而為一。幾乎每一套教導輪迴轉世的信念系統也同時教導，人類具有與神結合的潛力。這份神聖的潛力，被描述成我們內在的種子或火花，需要被培育或激起，才能發展成全然的神性。

神祕主義者描述過一種返回到原始幸福狀態的過程，在我們選擇與神分離之前，我們是知道那個過程的。每當你有一種與所有生命合而為一的感覺時，你就更加接近了與神合一的目標。稍後我會分享更多如何達成這個合一的信息。

我們需要輪迴轉世的原因是，大多數人還沒達到這個神祕結合的目標，生命就被打斷了。此外，輪迴轉世也為不想在特定的某一生中，尋求神的人們提供機會，也許他們還沒有準備好，也許他們在童年或前世有過不好的經驗。輪迴轉世為我們提供了一次又一次的機會，為的是學習我們的功課，同時隨著每一次相繼化成肉身，在靈性上取得更深一層的進展。生命中的試煉（無論涉及我們的健康、我們的財務、我們的專業，或是我們的摯愛），為我們帶來發展「自我主宰」所需要的機會。

我們來探討一下輪迴轉世產生的複雜結果，以及它可能使我們對今生產生什麼不一樣的看法。輪迴轉世需要成為我們正在運轉的一部分人生觀。它是某個信念系統的一部分，有助於回答我們可能反問自己的許多問題：我為什麼在這裡？我為什麼有這樣的父母？我為什麼害怕飛機？我為什麼喜歡香蕉船？我今生想要做什麼？

出生前回顧

再次降生到物質身體之前，靈魂的「出生前回顧」（pre-life review）是她必須完成的準備工作。這樣的準備，在我們的靈魂和我們的記憶體（如果你還記得的話，記憶體是我們的乙太體，也是四個低階身體中振動最高的一個）上留下不可磨滅的印象，因此，當我們遇到某些人以及進入某些情境時，我們感應到自己對對方有責任。這就是為什麼即使所有的朋友都說：「哦，為什麼你受得了那個人？為什麼要捲入大家都在利用你的這些情境呢？」以及諸如此類的事，我們可能還是與某些人一同走完人生的最後一程。靈魂知道她的業債在哪裡，她必須做些什麼，才能從與某人或某種情境的特定牽繫中解脫出來。並不是說，那樣的牽繫（例如婚姻）在那份責任結束時一定要中斷，而是有一種新的連繫，一種自由的連繫，而不是業力境遇的牽絆。

在你的出生前回顧期間，你被給予一或多個「生命計畫」（life plan）選項，那將促使你與你曾經虧欠過的人們接觸，也為你提供在今生達成那份神聖計畫的機會。我們擺脫不了錯誤、憎恨，或實在受夠了使我們緊繃的事物。那些都會跟隨著我們，儘管我們轉世了，但我們必須再次與我們的錯誤打交道。

想像一下，你剛從母親的子宮裡出來，而住在你家隔壁的母親生下了她的孩子。你瞧，這時候，你與前世爭戰一輩子的那個人又在一起了。你們可能立即討厭對方。一切再次重新開始，為你們提供了另一次彼此講和的機會。所以，真的逃無可逃。我們必須與神和人類講和，這是擺脫業障的唯一途徑。

只要一個人沒有達成

在人世間的目的，
神聖的那一位，賜福的神，便將他連根拔起
一遍又一遍的重新栽種回去。

——《靈光之書》第一卷

你已平衡的業力愈多，就有愈多的自由可以完成你的神聖計畫。在東方，這個計畫被稱作你的「達摩」（dharma，正法），你的神聖工作或職責。若要停止輪迴轉世，留在美麗的天界，方法是平衡你的業力並完成你的達摩。你的達摩可能是成為療癒師，在療癒方面有新的發現。或者，可能需要你將許多孩子帶進這個世界。或者，你可能是藝術家、雕塑家、工程師、老師。一旦你踏上靈性之路，且開始平衡自己的業力，你的較高自我就會幫助你釐清自己的達摩。

我要注記一下，目前愈來愈難根據人們的出生前回顧，和已做出的選擇，來幫助彼此圓滿業力情境。這是因為有許許多多的墮胎流產。規劃同時轉世以化解彼此業債的人們，無法按照原定計畫行事，這可能會嚴重延緩特定業力達到平衡的時間表。

機會喪失

因為我們許多人都曾經被告知，耶穌是唯一有神在他裡面的人，我們只能透過耶穌達到救贖，而不是藉由變得像祂一樣，於是普遍瀰漫著一種對生命的無價值感。那是非常不著痕跡而且是潛意識的。

如果人們知道自己其實是到處走動的神，知道神是他們的頭腦和他們的內心、他們的精神，知道他們的身體是神聖母親（Divine Mother）的身體，他們對自己的生命和自己的存在，勢必會有一種神聖感，對他們的子女也勢必會有一種神聖感。他們一定會知道，物質身體不是只靠自殺或墮胎就可以消滅的，而且知道，身體是那位活生生的神的聖殿。靈魂需要物質身體的皮囊，才能在地球上進化。

當我們墮胎拿掉子宮裡的生命時，我們就是在終止——一個靈魂按照時間表上的確切時刻來到人世間的機會。根據這些孩子的出生前回顧，許多降生的孩子是要被分配給養父母的，他們可能甚至不打算與親生父母住在一起。因此，我們需要讓婦女能夠舒舒服服的生孩子，讓她們回復天生對生命的敏感度。我見過在墮胎後離開身體的靈魂，他們心靈受創，不斷哭泣，而且不只是因為被墮胎的痛，更因為他們非常需要被誕生出來，且非常需要在那個特定的時間活在人世間。

與神成為共同創造者，是一項巨大的責任。當我們感覺遲鈍，感應不到未出生的孩子時，我們對安樂死、對自殺、對終止生命的所有其他這類方法，就會漠不關心，而不是讓時間的安排成為神的特權。神透過聖靈，賜予生命的氣息、奪走生命的氣息。我不是反對家庭計畫或反對節育措施。但墮胎並不是節育的方法。

我們就像是子宮裡的那個生命，我們是無助的嬰兒。我們被賦予了這個宇宙子宮，要在裡面存活下去。面對核子戰爭或可怕的疾病或癌症，我們就像小嬰兒一樣無助，更何況我們的物質生命也可能被突然奪走。我要表達的重點是，在達到與神重新結合之前，我們沒有一個人擁有在神裡面的永久身分。這是子宮裡的孩子正在尋求的機會，而這也是我們正在尋求的機會。因此，當我們對需要生命的其他人無悲憫之心時，我們將會看見那份業力返回到我們身上。今天，我們恐怕會看見那份業力正返回到我們的國家和世界上的所有國家。

我這樣說，完全沒有譴責定罪之意。我了解許多人一直深陷在婦女的隱私權和墮胎權的觀念裡。但請你好好重新考慮這點，想一想我描述過的瀕死經驗，以及對神來說，生命是多麼的珍貴，因為祂一直給予人們這些體驗。讓我們大家都體認到，生命的珍貴性是一樣的，無論是對子宮裡的孩子來說，或是對我們任何一個人而言。

估算過的風險

（然後）他們與我立下協定；
寫在我的心裡，不要忘記：
如果你南下到埃及
從那裡帶回那一顆珍珠——

那顆位於海中的珍珠，
緊緊挨著那條大聲呼吸的巨蛇——
然後你要穿上長袍
再套上披風，
然後與你的兄弟，我們的第二位，
你們將成為我們王國的繼承人。

——使徒多馬（Judas Thomas）
《珍珠讚美詩》（*The Hymn of the Pearl*）

靈魂輪迴轉世（也就是返回到這個物質層）是估算過的風險，因為業力必須得到平衡。你承擔這個估算過的風險。你承擔，因為你必須那麼做。你的靈魂是《珍珠讚美詩》中的那顆珍珠，而《珍珠讚美詩》是所有「靈知派」（Gnosticism）著作中最偉大的作品之一。[4]珍珠遺失在星光層的大海裡。你必須下去找到那顆珍珠，拯救它。那是一顆價格不菲的珍珠。價格是多少呢？在這個世界上，事物一天這個樣子，另一天又那個樣子。沒有東西是清楚明確的，每樣東西都處於運動的狀態。就好像在海底，魚類和海中生物的大小和形狀都被扭曲了。我們沒辦法看清楚。

在化成肉身之前，當你在光的八度中，且充滿熱情時，你決意這次要下去完成那件事——要提升你的靈魂，要與靈魂融為一體，要將這個靈魂吸引到你的較高自我的層次，要平衡你的業力。然後你進入你的下一個化身，再次開始地球上的生活，你進入了舊有業力和舊有欲念的紀錄，尤其是舊有的怨恨以及舊有的傷痛與憤怒，氣這個人和那個人，因為他們在某個前世辜負過你。

突然間，所有這些騷動全都進入你的感覺世界。你開始感覺到如此根深柢固的感受：「我不想要別人告訴我該怎麼做。我不想要成為那個人的下屬。我不想要被這對父母生出來。我不想要一定得跟這個人結婚。我不想要一定得生下這個人。」之所以出現這些感覺，是因為你正在經歷你的情緒體記載的記憶。

在出生的那一刻，健忘的帷幕降臨，因為神希望你有一張乾淨的白紙可以書寫，這樣你只需要應付今生。多數人勢必沒有能耐，應付有意識的記得來自前世的嚴重創傷和悲劇，但在某種程度上，你逃不了邂逅前世記憶，因為在今生當中，你還是你曾經經歷過的所有前世的總和。因此，在潛意識或無意識心靈的層次，你有未解之事和恐懼害怕，而這些可能會升起，吞沒你，導致情緒低落、精神官能症和恐懼症。

跨世紀的經典三角戀

我想告訴你一則虛構的故事，一個關於業力和輪迴的寓言。這則故事闡明了，為什麼對我們來說，理解輪迴轉世，以及它能夠告訴我們的死後生命狀況是相當重要的。這是三個靈魂（珍妮、西蒙、珀西瓦爾）陷在經典三角戀情的故事，背景在十二世紀末法國的伊珀爾（Ypres）鎮附近（現今比利時境內）。

生命之鍊的開端

西蒙是貴族，珀西瓦爾是一個不那麼顯貴的貴族（西蒙的封臣）的次子，沒有土地，而珍妮是西蒙的朋友的女兒。珍妮在佛蘭德斯伯爵（Count of Flanders）的宮廷度過許多時光，那裡是一個音樂、盛宴和娛樂不斷的地方。她超愛肉餡餡餅和棉花糖美食。她父親將她許配給西蒙，一個大她十歲的騎士，西蒙沒生小孩的妻子剛剛過世。

同時，珍妮愛上珀西瓦爾，沒有告訴珀西瓦爾自己已被許配給了他的領主，西蒙逮到他們倆在一起，把珀西瓦爾痛打一頓。珍妮被迫立即嫁給西蒙。西蒙帶珍妮離開，住進他那座要塞一般的城堡，而且告訴珍妮，除非替他生個嗣子，否則不可以離開城堡。珍妮很生氣，因為她無法享受原本嫁過來要享受的快樂宮廷生活。

就這樣過了幾年，顯而易見的是，珍妮生不出嗣子。西蒙開始排斥她，因為不孕而打她。他對自家的僕人也很殘酷，喜歡強迫他們躺在地上，然後站在僕人們的背上，用靴子的馬刺猛踢，命令他們像狗一樣狂吠。

絕望的珍妮，懇求珀西瓦爾幫助她逃脫，但珀西瓦爾結婚了，變成西蒙的封臣之一。為了換取一小塊土地，珀西瓦爾必須向西蒙繳納稅款並為西蒙打仗。珀西瓦爾與他沉著、能幹的妻子生了幾個孩子，他把所有時間都花在耕作他那座只有幾個農奴的小小莊園。他膽子太小，幫不上珍妮，也不想破壞現狀，即使他愛珍妮。

珍妮開始失去活著的意願。她花許多時間禱告，無論是在教會或是她的小跪凳（*prie-dieu*[5]）前。有一天，她決定什麼都不吃，只吃聖餐（Eucharist），對中世紀女性來說，那是很普遍的做法。

儘管根據記載，有些聖徒一直禁食，只靠聖餐活了好長一段時間，但珍妮並不是聖徒。她決定禁食是出於憤怒和沮喪，而不是出於靈性。她因禁食而變得更虛弱，於是她開始期待死亡，乃至歡迎死亡。她相信，死了以後，她將在天堂裡與耶穌和聖徒們同在。她把死亡想像成一種如天堂般的宮廷，她可以在那裡每天吃大餐，過得很愉快。

最後，珍妮去世了。我們需要強調的事實是，她的死其實是自殺。如同我之前說過的，如果某人死於自殺，神可能會立即將那人送回到具體的化身裡，要求他們從中斷的地方重新開始。但這時，這個人的業力是比較沉重的，因為奪走自己生命的業力必須得到平衡。

西蒙很快樂，因為他自由了，可以再婚，希望生一個嗣子。珀西瓦爾被自責悔恨和無能為力的感覺淹沒，他沒有辦法阻止珍妮死去。

死後，珍妮的靈魂確實見到了耶穌。耶穌安慰她、疼愛她，她與天使們在天堂的花園裡度過一段時間。但不久後，她被告知必須再次返回到人世間。

我們在這裡看到的是，我們返回到人世間，是因為還沒有完成自己的循環，因為我們做出了負面的業力，必須用正向的業力平衡負面業力。以為到耶穌跟前是解決所有問題的方法，無論是透過自殺或挨餓，那是行不通的。不要一時片刻受到誘惑，害自己去到自我毀滅的邊緣，因為救恩的喜樂近在咫尺，無論是透過耶穌基督、釋迦牟尼佛或彌勒佛。

所以，回到這則故事，珍妮於一三四〇年再次出生。她才八歲，瘟疫便肆虐法國。她必須眼睜睜看著父母親、兄弟姊妹和祖母死去。她在恐懼中逃離，最終死於寒冷和飢餓。

珍妮哪裡出錯了？如果她原本就了解業力和輪迴，她可能就不會放棄生命，只是為了再次誕生在比之前更糟的苦難裡。對試圖逃避人生功課的人們（尤其是透過自殺）來說，那是可能發生的情況。

無論我們的人生多麼可怕，我們需要永不放棄自己的物質身體。每一個人都有艱辛和深切的痛苦，除非我們有極大的善業，否則沒有人真正逃脫得了。因此，生命在此是要教導我們許多功課，而我們需要欣然接受那些功課，即使功課既艱辛又痛苦。與其調頭離開，我們可以直接朝功課走去，挑戰它們，得到解答，然後繼續前進。

只有當我們活著的時候，才能運用自己的自由意志，取得重大的靈性進展。不管在另一邊多麼美好，它都只是休息和準備的地方，不是改變和解決的地方。

如果珍妮了解業力，她可能會決定將自己的人生看作是一段學習經歷，而不是整個陷入絕望中。再次強調，自殺確實是終極的自私。需要勇氣才能承認你創造了自己的命運，而且，如果想要在靈性上進化，這就是我們必須做到的。

另一次機會

輪迴轉世的奇妙之處在於，它為我們提供了另一個解決問題的機會，也為我們故事中的三個角色，提供了同樣的機會。這三個角色出生時，就相當完整的帶著自己的問題。珍妮、西蒙和珀西瓦爾，於一八九五年重新進入人生舞臺，地點是加拿大安大略省南部的溫莎（Windsor）。他們的名字是琴、西蒙、佩里。

在學校的時候，琴一直迷戀佩里，但佩里總是很害羞，不敢跟琴說話。西蒙看見琴，產生一股強烈想要占有和控制琴的衝動。西蒙身體強壯、活躍好動、頗受歡迎。佩里害羞而內向。琴對西蒙有一股奇怪的吸引力兼嫌惡感，但琴覺得與佩里有一種比較強烈的牽繫。她拒絕西蒙，開始與佩里約會。

琴和佩里的戀情，因第一次世界大戰中斷了。一九一四年，佩里前去參戰，西蒙也一樣，兩人都在加拿大的第一師服役。西蒙嘲笑佩里，說他沒有勇氣，那是西蒙從小學開始就一直在做的事。佩里私下懷疑自己是否有能力戰鬥。

在伊普爾第二戰役（second battle of Ypres）期間，他們在前線，當時德軍先使用毒氣。當法軍被慢慢沿地面蔓延的毒氣團籠罩時，士兵們四處潰散，喘著氣，嘔吐著。許多加拿大人窒息而死。位在毒氣邊緣的士兵們用手帕包住頭，將臉埋在地下，才倖存下來。

有些士兵決定戰鬥。他們用濕布包住自己的腦袋，衝進毒氣團中。佩里在最後一刻跟著衝進去。大多數的士兵被毒氣擊倒。佩里幾乎倒下，但成功回到加拿大陣營。兩軍戰線之間拉出了很寬的間距，於是德軍蜂擁而來。佩里召集了包括西蒙在內的一群士兵與德軍戰鬥。他們扭轉敗局，守住那道間距，直到援軍衝進來，但佩里吸入太多毒氣，在幾天後去世。佩里的勇敢表現是他的轉捩點。

西蒙回到加拿大，跟琴結婚。他們移民到底特律，西蒙終於在底特律開了一家小型製鞋廠。琴定居下來，成為家庭主婦。幾年後，顯然琴再一次無法有小孩。而西蒙的殘忍暴虐，從中世紀在法國以來，一直沒有改變多少。琴意識到西蒙的殘酷天性，但想不出辦法逃離。她退縮到酒精裡，最後在參加某場派對後的回家路上，開車撞到樹，害死了他們倆。

佩里在比利時的一條泥濘戰壕中去世之後，他很震驚。他並沒有經驗到隧道或生命回顧，反而是他的靈魂睡了好長一段時間。許多人在離開物質身體的過渡期，遇到突發事故或嚴重情境時，都會發生這樣的事。有些靈魂只是還沒有準備好接受自己死亡的事實，或是這些靈魂可能太過迷失於幻相，無法相信生命不斷延續。這些靈魂經過一段睡眠或療癒期，然後才會經歷生命回顧。

在你的幾百世輪迴中，每一生的盡頭，你可能都會對自己提出類似這樣的問題：「我死了。現在怎麼辦啊？」但也可能是在你死後一段時間，你才能夠有意識的提出這個問題。

當佩里的靈魂醒來時，他發現自己身在一間泛著帶桃紅色白光的房間裡。他覺得很溫暖，被看似藍色棉花糖的鬆軟棉被包裹著。他慢慢睜開眼睛，坐起來，納悶身在何方。他低頭看著自己的身體。形狀很像他在人世間穿著的身體，但幾乎是透明的。他發現自己光著身子，但一想到應該穿些衣服，他便穿上了他的軍服，整潔筆挺。

一名因戰事而疲憊的男子，出現在佩里眼前，他開始講話：「恭喜啊，年輕人！你做得很好。」

「我做什麼了？」佩里說著話，有點不解。

「當然！你救了許多人，使他們免於被殺。如果你沒有守住戰線裡的那個間距，那場戰爭一定會慘烈許多。那是十分危急的。我們並不確定你內在有那份能耐。你會發現，你的下一世會好上許多，因為你能夠鼓起勇氣。」

「我的下一世？」佩里疑惑地問道。

「對的。」男子說，「你的下一世。」

「那麼，這是天堂嗎？」佩里問。

「你可以那麼說。」男子回答，「但是你不能永遠留在這裡。」

「那麼你是誰？」佩里問。

「我是你的指導靈，一位天使，如果你喜歡這麼說。」

「你看起來不像天使。」佩里說。

男子開始發光。他的疲憊消失，而且換上一身白袍。「這樣比較好嗎？」男子問。

「是啊。可以請教你的名字嗎？」佩里說。

「你可以叫我弗朗西斯。」天使說，「在你明白自己已經死亡之前，我可不希望因為讓你看見這個外形而把你嚇壞了。」

「現在是哪一年啊？」佩里問。

「一九二四年，照你們的計算方式。」弗朗西斯說。

佩里慢慢意識到，自己已經睡了九年。弗朗西斯帶著佩里來到一間小巧但優雅的藍白色講堂，位在一座巨大的大學型複合建築裡。佩里在此首度回顧自己前世的所有行為。佩里要求看看琴，於是場景轉換到琴和西蒙的家。他們沒有爭吵，但佩里可以感應到排山倒海的抑鬱，已經侵入琴的靈魂。他感到悲傷。弗朗西斯告訴他別擔憂，他很快就有機會見到琴。

同時，佩里有機會繼續致力於培養自己的勇氣。弗朗西斯帶他來到一個地方，他可以在那裡想像並創造戰勝心中恐懼的不同情節。首先，他把自己想像成類似大力神的巨人，三公尺高，跑遍全國各地保護弱者。他修改了被西蒙打敗的場景，一遍又一遍，直到他能夠充分展現自信為止。他發現，他不再害怕西蒙。

一天，弗朗西斯出現，告訴佩里，他的訓練的這個階段結束了，他現在可以與琴的靈魂會面。時間是一九三二年，西蒙和琴剛剛死於那場車禍。

西蒙很生氣。他的第一個念頭是：「那個愚蠢的婊子！」他發現自己置身在密西根州生活時期的某個扭曲版本，在那裡，他有點無所不能。他讓那一切變得更加異乎尋常，他找了好多奴隸，照料他的每一個突發奇想。西蒙發現自己在星光層的第六層。

一天，一位穿著男裝的天使，走進西蒙的辦公室。天使說：「跟我來，這樣你才可以學習和成長。」西蒙告訴他的兩個隨護，把天使扔出窗戶。西蒙坐在辦公桌前，抽著雪茄，做著種種交易，直到他的世界開始消退。然後他醒來，成了放聲大哭的嬰兒。那一年是一九五八年。

起初，琴沒有意識到她死了。她發現自己身在一處很像密西根郊區的土地。然後她沿著街道閒逛，看見一位中世紀騎士騎著馬朝她走來。她抬起頭，發現是佩里。她腳一跨，跨上佩里的馬背，他們一起疾馳離開，突然間發現，他們置身在酷似中世紀法國旅遊明信片的世界裡，那裡很乾淨，閃閃發光，沒有疾病。

佩里參加一場比武大會，贏得了琴的芳心。然後她和佩里一起住在城堡裡，有許多孩子。她幸福快樂了一段時間，但夜裡似乎無法入眠。她不斷夢見撞到某樣東西，但記不得汽車是什麼。

一天早晨，琴啜泣著醒來，突然間，她的世界開始融解，就像雨中的水彩畫。她不知道佩里在哪裡，她發現自己身在一望無際的荒蕪平原上。她走了似乎好幾天，終於，看見一片綠洲。她朝綠洲走去，有一名男子（就是出現在佩里面前的那位天使）穿著僧袍，坐在井邊。突然間，她意識到自己很渴，她想不起上一次是什麼時候喝了什麼東西。

「我可以喝口水嗎，拜託？」她說。

「如果你準備好要醒來，才可以喝。」男子回答。

「我醒著，不是嗎？」她說。

「你睡著了，」他說，「你已經睡了好幾生好幾世。你想要醒來嗎？」

她考慮了一下。「我可以回到佩里和我的孩子們身邊，回到城堡嗎？」她問。

「可以，」他說，「但那不是真實的，而且你將會知道那不是真實的。佩里那一生不是那個樣子。他膽子太小，不敢擁有你。」

「如果我醒來，我會看見佩里嗎？」

「無法保證。」男子回答，「我只能向你保證，除非你真的醒來，否則你永遠不會跟真正的佩里在一起。」

她深吸一口氣，用一只水桶從井裡取水，然後喝了好大一口水。突然間，景色改變了，原本灰色而荒蕪的地方現在洋溢著生氣。她置身在一座深秋的美麗花園裡，充滿著成熟果實的香氣。男子也變了，從一絲內在的光開始，逐漸發光發亮。

她問了男子許多問題。「為什麼我一直沒辦法有孩子？」

「你曾經有過孩子，但最近三世一直沒有孩子，原因跟你的幾個前世有關。」

他揮了揮手，一面屏幕似乎憑空浮現，飄浮在草地上方。屏幕上出現了她的前世場景。男子仔細的讓她看見造成她悲傷的原因，她在某個前世忽略了家庭，而且遺棄了佩里。

「我能夠矯正回來嗎？」她問。

「那是由你決定的，」弗朗西斯告訴她，她一定要追求靈性成長以及與神合一，「那是可以克服你與佩里之間存在的障礙的唯一方法。」

「告訴我該怎麼做。」她乞求。

「我可以在這裡教你許多東西，但是當你在人世間的時候，你一定要找一位老師提醒你。」

不久，琴獲准見到佩里。他們現在重逢了，而且是一次喜悅的團聚。但氣氛有點感傷，因為他們知道這次團聚不會持久。弗朗西斯要琴和佩里，跟他一起來到天界某個靈性學習中心的其中一間教室。他們回顧自身角色的優勢和弱點，規劃自己在下一世該如何戰勝這些。

弗朗西斯告訴他們，這並不容易。「你會發現，一開始，你對自己的真實本性視而不見。只有在自己的內在發現愛，你們才能夠一起找到愛。」

他讓他們看一眼，他們在未來幾世可以到的其他世界，而且讓他們看見，他們的愛最終可以如何幫助維繫和啟發一整座城市。他們對彼此發誓，要在下一世一起平衡兩人的業力，如此才能夠一起前進到這個更幸福的未來。

弗朗西斯帶他們來到一間綠色和紫色相間的房間，叫做登乘區，那裡有許多條出入口。他送佩里穿過一扇門，送琴穿過另一扇門。他們感覺自己走進一條光的隧道，開始感覺到自己被拉長、被向下吸。沒多久，他們感受到產道的無情壓力，開始忘記他們在死後生命中的經歷。

彼此將對方視為靈性的存有

西蒙再次降生在一個沒有人注意他的大家庭。當然，這對他來說是折磨，因為他希望被關注。他變得非常浮誇，最終成為二手車經銷商，暗地裡兼賣毒品。但他一直夢想著可以讓他一夜致富的那筆大生意。因此，他一直覺得自己的運氣糟透了。他與琴擦肩而過，邀琴出門，但琴甚至不願意跟他說話。

琴出生在底特律，在一個開明的新教家庭中長大。她的家人在聖誕節和復活節上教堂，僅此而已。她長相漂亮，受歡迎，喜歡派對和玩樂，但十幾歲便罹患飲食失調症。快二十歲的時候，她的飲食失調症已發展成全面的暴食症。她強迫自己狂吃甜甜圈、糕點和速食，結果卻全部吐得一乾二淨。

琴的飲食失調不太是因為害怕肥胖引起的，而是因為對好好享受食物感到內疚。儘管如此，她還是成功讀完大學和法律學校，與許多男人約會，但從不跟任何人交往太久，她不希望對方發現她的疾病。

佩里在這一生被賦予了強大的驅動力。他擅長運動，長相英俊，中學時期很受歡迎。他成為一名成功的辯護律師，與許多女性約會，可是卻沒有找到「對」的人。琴來到他的公司工作。他立刻被琴所吸引，但卻感到莫名的害怕。他們開始約會並墜入愛河。

起初，一切似乎很美好。他們驚喜的發現，兩人都喜歡法國布里乾酪和中世紀的法文詩。但是接下來，佩里發現自己的不安感日漸增長。他需要喝一或兩杯酒，才能在琴身邊感到自在放鬆。沒多少，沒喝個兩、三杯，他甚至無法跟琴做愛。然後他變成不舉。這是一個他以前偶爾會遇到的問題，但現在卻揮之不去。

琴不知道該怎麼辦。她莫名的害怕自己會永遠無法擁有孩子。她不理解怎麼有這樣的恐懼，因為她母親有五個子女。然後佩里發現她的暴食症，於是佩里退怯了，疏遠她。他們倆都很悲慘，但無法釐清該要如何在一起。

琴覺得自己不是天生當律師的料，開始尋找其他工作。她接受治療，試圖克服她的暴食症。在某個治療中心治療了六個月後，似乎已經控制住了問題的物理部分，她強迫自己規律進食且減少分量。但對於飲食和盡情享受，她還是有著原因不明的恐懼

因為試圖釐清問題的根源，琴開始與一位心理學專家合作。她想不起目前的生活有什麼事，可能導致她眼前的問題。她的童年是毫無創傷的，幾乎規律到無聊乏味的地步。

琴開始閱讀各種自助書籍。然後她學習口說的「道」的科學以及紫羅蘭色火焰。她開始每天使用這句祈禱文：「『我是』紫色火焰的存有，『我是』神所樂見的聖潔！」逐漸地，她發現有更多時間增加其他聖諭。琴享受紫羅蘭色火焰帶來的輕盈感，而且注意到自己的人生似乎正在改變。她憶起了自己第一次喪失活著的意願。慢慢地，她的一部分恐懼不見了。雖然她並不是有意識的憶起中世紀那一生的整個全貌，但她憶起了佩里害怕愛她。

光芒四射、盤旋上升的紫色火焰

奉全能的神和我個人的較高自我的名義，我呼求紫羅蘭色火焰熾熱燃燒，貫穿我的整個存在和世界，消融掉凡是少於神為我訂定的完美計畫的一切：（在此插入你個人的禱詞）

光芒四射、盤旋上升的紫色火焰
降下來，現在透過我熾熱燃燒！
光芒四射、盤旋上升的紫色火焰
得自由吧，得自由吧，得自由吧！
光芒四射的紫色火焰，來吧，
透過我擴大和燃燒祢的光！

光芒四射的紫色火焰，來吧，
彰顯神的大能，讓世人看見！
光芒四射的紫色火焰，來吧，
喚醒地球，讓它得自由！

紫色火焰的光輝，
透過我擴大並燃燒！
紫色火焰的光輝，
擴大吧，讓世人看見！
紫色火焰的光輝，
在這裡建立悲憫的前哨站！
紫色火焰的光輝，
來吧，現在轉化所有恐懼！

以全然的信，我感謝地接受這一切就在此地此時顯化，充滿力量，恆常持續，全能活躍！

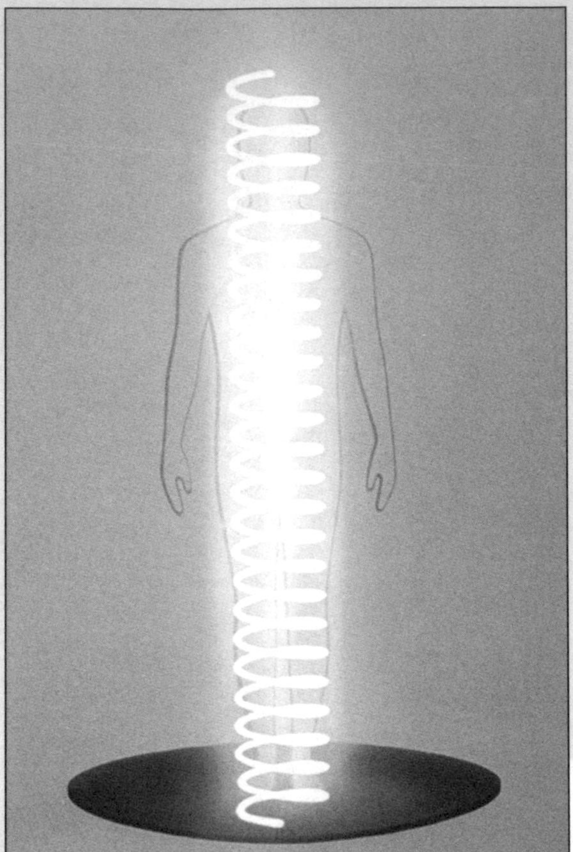

同時，佩里經歷了一段靈魂探索期。在琴之後，他沒跟任何人約會。他開始靜心冥想，開始感覺到更加平和。他達到了沉著鎮靜的境界，感覺自己沒有恐懼。

在他們第一次分手之後三年，佩里突然打電話給琴。他們聊著天，分享彼此的經驗。琴告訴佩里聖諭是怎麼一回事，佩里告訴琴靜心冥想是怎麼一回事，他們開始一起運用這些方法。最後，他們決定再次嘗試建立親密關係，開始將對方視為靈性存有。

你知道的，當你可以將另一個人看作是靈性存有時，那是一件美妙的事。你找到了全新的維度，關於那個人，關於我們在全然人類的層級操作時，不見得會出現的事。

最後，琴懷孕了。她懷著寶寶到足月，幾乎沒有什麼問題。但是當嬰兒在醫院出生時，琴開始出血。她失去意識，醫生們認為她快死了。

她感覺自己被吸進去，穿過一條黑暗的隧道，朝向一片明亮的光。她看見一位光之存有，而且突然間，一切全都回到她身上。她憶起自己的生命計畫，以及與佩里一起立下的誓言。她意識到，光中的存有是弗朗西斯，曾在井邊對她說話的那個靈。她感覺到一份難以置信的平和感，但她抗拒那份平和。

「我這次沒有做對嗎？弗朗西斯？我克服了我對活著的恐懼，不是嗎？我努力修練我與神的關係，而且你說對了，那的確讓佩里更靠近我。為什麼我現在必須死去呢？我不想離開佩里和我的寶寶。」琴失聲痛哭。

「你不必死啊，琴。你正在被賜予這次經驗，好讓你記住這種愛的感覺，然後與他人分享。」弗朗西斯向她保證。琴感恩地沐浴在弗朗西斯的溫暖光輝中，然後慢慢沉回到她的身體裡。

宇宙的聚合

依據圓圈的重要性，想像一下你人生中的所有人物。最靠近你的那些人在內圈。隨著圓圈向外，就好像你是一顆巨大的原子，有許多的電子層（electron shell）。如果你認為有些人的位置比較是在你的人生邊緣，那麼這些人就位在遙遠的最外圈。

然而，所有這些人、團體、社會、大學、機構，地球上的每一樣東西，都是平衡你的業力不可或缺的。所有那些事物都必須返回那個重點，從平衡業力出發，你可以進入到與你的靈魂群組相處的情境，在內在或外在有某種聯結，同時親自平衡業力。

單是想想今生發生在你身上的每一件事——與你相遇的人們，你見過的事物，你去過的地方，對你造成的影響，以及促使你成為你現在這個人的一切。所有這些都是我所謂的「宇宙的聚合」（*convergence of cosmos*）。對你且單單對你來說，整個宇宙已經在時間和空間上匯聚在某一個點，為的是拯救單一個靈魂——你的靈魂。你只是必須知道，藉由在這具身體內、化成肉身這個十足的事實，這是神賜予你的最佳機會，讓你前來解決生命的每一個部分。

神的智慧是一遍又一遍的將我們的意識的果實，歸還給我們，直到我們最終屈服於永恆不變的業力法則為止。一世又一世，我們返回到存在的物理層面，我們已經在那裡限定了神的光、能量和意識，在那裡體驗自身行為的後果，最終決定成為唯一的神——要在神裡面活出和移動及擁有我們的存在，只因為我們是祂的子孫。

業力的喜樂

除了我之前在故事中與你分享過的課題外，一個人可能還有許許多多的業力課題。有些業力可能涉及你在某個前世犯下的錯誤，那些你可能幾乎無法想像自己會做的事。或許在今生，你可能已經改變了，基於你知道的理由，但還是心懷罪疚，似乎無法克服。

可以說，你可能死過一千遍，因為你做了你知道是錯的某事。但為了彌補這個錯，你必須不只是受苦。掃羅（Saul）[1]袖手旁觀，同意眾人用石頭砸死斯德望（Saint Stephen）[2]，在那之後，他以使徒保羅的身分，活出了他的人生，成為基督的僕人和靈魂的牧者。沒有人會質疑他作為使徒的善工善行。但由於他同意斯德望之死（除了前世的業力外），他必須轉世成為聖希拉靈（Saint Hilarion），成為一名療癒師。身為希拉靈，他需要一次又一次的療癒，為幾千人行使神蹟和魔法，然後達到業力法則的要求，才能在自己的靈魂揚升到神的心中的時候，接收到最終的回報。[6]

保羅很享受身為希拉靈的那一生。平衡業力就是那麼一回事，那是一條喜樂的途徑，因為你感應到，你在支付帳單，澈底支付且終於付清了，而且是最後一次。那是月底時你可以付清所有帳單的感受，只有比那更好。當你經歷為他人付出的人生時，你基於愛人的緣故而那麼做，你不會把那事想成是因果業力，但你的靈魂知道且表現出深邃的喜樂，要有尊嚴的還清她的債。你現在有責任，現在要負起責任，你正在減輕痛苦，努力讓人生得自由。這帶你來到發現偉大的奧祕，明白神的國度就在你之內。

你可以確立某種喜樂的心態，好好結算自己的業力，讓自己在死後盡可能抵達最美好的地方，同時熱情的唸出下述祈禱文：

---

❶ 譯注：歸信耶穌基督之前的保羅。

❷ 譯注：基督教首位殉道者。

無論需要什麼，我摯愛、強大的我是臨在，全能的神啊，我都要去到乙太八度，而且我要求被賜予機會，可以轉化牽絆我、將我束縛在星光層、乃至星光層第一層級的業力。同時我請求祢讓我看見，我必須怎麼做，才能還清積欠任何靈魂的一切債務，包括在星光層任何地方的靈魂，無論他們目前處在物質化身或是任何的星光層級。

如果你解決了你與活在星光層的人們，或是處在星光層的靈魂之間的業力，那麼你會發現，你沒有那些牽繫和義務，不必為了還清債務而進入星光層。最好是趁著有物質化身時償還那些債務，因為當你脫離物質化身時，如果試圖平衡星光層的業力，你非常容易迷失在星光層之中。

寬恕

雖然我們不能回到二十年或六十年前，或是回到另一世，化解我們曾經做過的事，但我們可以做的是召來紫羅蘭色火焰——那股靈性能量，用於轉化的聖靈之火。痛苦和傷害的紀錄可以被銷毀，包括在我們自己的四個低階身體、我們自己的紀錄、潛意識、心靈裡，以及在曾經因為我們的行為而在情緒上或其他方面——受到傷害的任何人的生命之中。我們可以將那把紫羅蘭色火焰，傳送給曾經因為我們所做的某事而感到負擔沉重的人，於是那把紫羅蘭色火焰，將會成為從我們的內心和神的內心發出的禮物，為的是給出那一份永久的療癒。我知道那是我們每一個人的深切渴望。

寬恕是紫羅蘭色火焰的本質。你無法將紫羅蘭色火焰，發給曾經虧欠過你的某人，並期望有所改變——如果你對那個人懷有某種程度的負面情感。

你可能已經在表意識層次寬恕了某個人，但潛意識和無意識還跟不上。以前的怨恨、憤怒、傷害，以及一種不公不義感還在那裡。於是，我們存在的理性面、思考面說道：「好吧，我寬恕你。你的車猛力撞擊我的孩子，他去世了。我理解你無法避免這場意外事故。我寬恕你。」但是你並沒有寬恕，因為你的存在的某個部分，因失去孩子而深深痛苦著。你可能甚至無意識的將你的憤怒指向神，氣祂居然允許那件事發生。

我們在有過各種創傷經驗的許多人們的生命中，看到這點。一位人生中擁有一切的女子，包括非常好的丈夫、金錢、上流社會，突然間，癌症奪走了丈夫，留下她孤伶伶一個人。雖然她沒有用口頭表達，甚至可能沒有覺察到，但她變了，再也不說神的名字。在無意識層次，真正發生的是一股憤怒的動量——反對誰呢？反對神。這個憤怒被過濾掉了，在心境、性情和對他人的反應中，是看不出來的。如此一來，永遠找不到解答。

直到我們可以對全能的神說：「我深受傷害。為什麼我罹患這個病啊？為什麼我失去了我的家啊？我不明白祢為什麼讓這事發生在我身上。儘管如此，我還是會說，『你的審判是真實而公道的。』」接納神的旨意是絕對必要的。如果你沒有與神達成和解，那麼你其實是沒有與居住在你自己裡面或你的同伴裡面的神達成和解。我們可能口頭上說著寬恕，但是一直要到整個心靈被治癒了且業力得到平衡為止，才算有了總體的解答。

並非每一樣東西都是惡業

我們永遠不會真正知道，誰是來自前世的無辜受害者或加害者。生命錯綜複雜，並不是每一樣東西都可以被歸類成簡潔的概論。是的，我們需要承擔責任，即使是我們不記得的前世行為。但還有其他可能造成業力牽繫的原因。人們每天啟動新的負面業力行為，關鍵在於，我們對這些考驗個人屬靈秉性的事物有何反應。它們讓我們得以看見，我們是否真正主宰了自己的情緒，和自己的小我、我們的舊傷和心理觸發因子。神做的每一件事都有深遠的目的，接受這點可以幫助我們，避開只會讓問題變得更糟的不公不義感。

此外，我們可能會發現，有人嫉妒我們充滿愛的關係、有創意的計畫，或是成績成就。靈性之路的一個重要部分，是學習在生活中應對這種有時候非常微妙的挑戰。在其他情況下，我們可能需要經驗某些事物，才能夠觸及他人承受的痛苦，得以提升到某個理解和慈悲的新層次。或者，那可能是一種犧牲，好讓別人可以學習和成長。換句話說，我們絕不可以伸手指責。我們不可以理所當然的認定，健康的人就是聖人，或生病的人就是罪人。我們永遠不可以想當然耳的認為，富人就是有善業，窮人就是有惡業。我們的視角通常不是靈魂的視角。

我們必須做的是，追求悲憫和正義，以及平等對待每一個人。我們需要幫助垂頭喪氣的人、哀悼的人、因為既是受害者又是加害者而心裡一團亂的人。日常生活中，每一個人的心靈上都有必須全力對付的交錯疤痕。在努力讓生命得到自由的過程中，我們必須為全體、世界、個人業力紀錄的轉化，祈請紫羅蘭色火焰。當我們傳送出紫羅蘭色火焰和寬恕時，紫羅蘭色火焰就駐留在我們自己的世界裡，擔任抵禦負面業力或傷害的緩衝器。

在宇宙鏡子中看見你的前世

你讀了我之前說過的故事，明白化成肉身的實例，現在，你知道紫羅蘭色火焰是怎麼一回事。但如何解決自己的前世業力呢？這需要你針對心理狀態下一些功夫。只有當你在靈性上已經充分準備好，足以在心理上探索影響今生事件的過去境遇時，你才可以在夜晚離開身體的時候，由某一位揚升上師帶領你到靈修區內的宇宙鏡子之前。

我要為讀者提供一丁點的想法，讓你知道，當你準備好迎接這類體驗時，會發生什麼事：某個前世的一部分，或是不只一部分，在你眼前經過。瞬間你覺知到你的業力的脈絡，甚至重溫那些情緒、預謀的念頭以及行為本身。那可能是一次痛苦的體驗，但你的較高自我，溫和堅定的站在一旁支持你面對未來，帶著奠基於科學知識的希望，明白藉由聖靈的恩典，改變的力量就在你手中。

你會很快發現，有需要將紫羅蘭色火焰，應用到那些事件和記憶，直到平衡恢復為止。而且你知道你有工作要做。揚升上師告訴你，要回到你的物質身體，物質業力產生的地方，藉由神聖的愛和紫羅蘭色火焰解決問題。當情緒體和心智體的必要清理完成時，揚升上師會說，你要準備好面對下一個療程。

一位在祂的乙太靈修區給予學生這類體驗的揚升上師承諾：「靈魂在睡眠期間離開身體所習得的功課，不會丟失，而是合成潛意識裡的一部分自我覺知，浮現的程度足以刺破靈魂的記憶，催促靈魂採取果斷的行動。」[7]

一旦靈魂返回清醒意識和五感，揚升上師便透過聯想技術，加速外在心智達成內在靈魂的體驗，或是透過不可思議的境遇安排，調鬆靈魂的記憶，有時候是大量情緒奔流，作為靈魂進化的重大轉捩點，於是業力再現，然後再透過紫羅蘭色火焰緩解

誰是聖哲曼？

聖哲曼（Saint Germain）是一位煉金大師，也是上師們和人類的導師。祂在天界也被譽為外交官，表現出尊貴、優雅、彬彬有禮、沉著鎮定、真正政治家風度的神聖品質。祂的名字來自拉丁文*Sanctus Germanus*，意思是「神聖的兄弟」。聖哲曼身為第七道光（紫羅蘭光）的「霍汗」（chohan，守護者），祂透過紫羅蘭色火焰，在轉化的科學和儀軌方面，啟蒙點化我們的靈魂。

聖哲曼說：「我是已揚升的存有，但並不是一直都這樣。我不是一次或兩次，而是跟你現在一樣，多次化成肉身行走在地球上，受限於凡人的框架和維度存在的限制。我待過雷姆里亞（Lemuria）大陸，待過亞特蘭提斯（Atlantis）。我見過文明的興衰，見過人類從黃金時代循環到原始社會的意識起伏。我見過種種選擇，而且見過人類因為錯誤的抉擇，而浪費掉十萬年科學進展的能量，甚至是超越當今最先進教派成員們所能達到的宇宙意識等級。

「是的，我見過種種選擇，而且我選擇了。經由正確的選擇，男人和女人在階級制度中，確立了自己的地位。經由選擇在神的宏偉旨意中得自由，我贏得了我的自由，擺脫了凡人化成肉身的循環，以及不斷在「太一」之外證明某個存在是正當的。經由紫羅蘭色火焰，我贏得了我的自由，那是古代煉金術士追蹤的水瓶週期的基調，那是聖徒們確實擁有的紫色靈丹妙藥。

「你們是凡人。我是不死的。我們之間的唯一差別在於，我選擇了得自由，而你尚待做出選擇。我們擁有同樣的潛力、同樣的資源、同樣與太一的連結。我已經帶著我的這一切鍛造出一個神身分（*God-identity*）。」[8]

當聖哲曼讓你看見你的神聖計畫的原始藍圖，你再次站在宇宙鏡子之前，當你在神的心中孕育時，那份計畫就被烙印在你的乙太體上。於是你得到另一個逐一回顧你的前世的理由：確定迄今為止，你實現了那份神聖計畫的哪一部分，還沒有實現哪一部分。

聖哲曼告訴你：「你可以召喚你在過去歲月培養出來的才華，因為這些被當作寶藏貯存（在天堂）……」祂向你保證，帶出這些才華，並不是仰賴你透過你的外在記憶召回。但祂也告誡你，一旦你取得了這些靈性資源，它們的使用是受業力法則支配的。[9]

第八章

前進天堂

門徒對耶穌說：告訴我們，我們的終點會是怎麼樣的？

耶穌說：難道你們已經找到起點了，所以在詢問終點？

起點在哪裡，終點就在那裡。

站在起點的人有福了；他將知道終點，

而且不會嘗到死亡的滋味。

在誕生之前就存在的人有福了。

——《多馬福音》（*The Gospel of Thomas*），靈知派經文

現在，我希望，大家可以都同意，我們不只是我們的物質身體。我還希望，我們可以挑戰基督教神職人員提出的觀念：我們的靈魂是在受孕的那一刻被創造出來的，這是當今基督教盛行的信念。現在我想要將我討論過關於生、死和死後生命的概念，與你真正是誰以及一個比較深入的視角整合在一起。

你的身體的創造，並不等於是你的靈魂的創造。神並沒有在一旁等待著受孕的那一刻——迅速、匆忙、拿出神的麵糰——揉成另一個靈魂，然後將這個靈魂彈進子宮裡，好讓那個身體呱呱落地時，靈魂就在了。

你是意識，而那個意識經過「超因身」（Great Causal Body）的循環，也就是「你的神聖自我圖」（Chart of Your Divine Self，見260頁）中位居最上方的圖形，於是在靈性八度中積攢愈來愈多的「實存」（Being）到自己身上。你首先體驗到靈性八度，你穿上一連串的意識，蒐集更多屬於你的神我（God Self）、你的身分、屬於你個人的神之火焰，這是創造如何來自靈性八度。

因此，早在你的靈魂居住在這四個低階身體、這個物質形相之前，你的意識就誕生了。這個意識是人們平時說的「心智頭腦」（mind），它在出生之前就存在了，且在死亡之後繼續存在，而在兩次化成肉身之間則居住在乙太八度。

我們為什麼在這裡？

具體的物質化身裡、在地球上的物質身體中，意謂著什麼呢？意謂著，我們有自由意志，我們可以創造。我們可以是共同創造者，與神一同創造且彼此共同創造。我們可以實現我們的渴望。我們可以平衡業力，包括負面和正向的業力。我們可以運用靈性煉金術法則，以及物質界的化學和物理法則，搭配聖靈，一起努力改變，達成有效的共同行動。

當我們在這個世界的歷程還沒有結束時，處在物質身體內是最值得嚮往的狀態。處在所謂「新時代」（New Age）的某些人認為，我們是否在物質化身中其實無關緊要。我希望每一個人都不要濫用這個錯誤的觀念，因為，請相信我，物質化身真的很重要。

有些基督徒曾經對我說：「你為什麼擔心死亡呢？你為什麼擔心未來十年會發生什麼事或擔心核子戰爭呢？當我們死去的時候，大家都會跟耶穌一起上天堂。現在正是

「耶穌再臨」（Second Coming）的時候，將會有一場最終的善惡大決戰，或許是一場全面的戰爭。那將是我們的真正最終幸福的開端。」好吧，事實是，核子戰爭並不是進入屬靈榮耀和光之界域的入口，也不是生命在地球上停止。它不是「耶穌再臨」的承諾，也不是承諾不必再次化成肉身。

當我們在這裡時，我們本來就是要創造的，為了我們自己靈魂的利益，為了我們的社區、我們的家庭、我們的國家、我們的星球的利益。當每天太陽升起時，我們可能已經有了明確的意圖，打算基於個人和整體人類的利益，完成建設性的目標。

人們支持有價值的原因，理由之一是，他們的行為如實的啟動了必會產生結果的原因，換言之，就是業力。「原因」（cause）的另一個說法就是「業力」（karma）。當我們啟動善因、善的動力時，我們就收穫到它們帶給我們和整個生命的果報。如果我們本著服務、助人、遵行神的旨意的精神，進入這些原因和項目，我們就會積累善工的動量，於是可以在自己的生命之樹上新增環圈。

生命之樹

我們的生命之樹是什麼呢？它是我們的「因基身」（causal body）。我們藉由已積累的善工動量，增強我們的自我主宰和我們的身分。

你的神聖自我圖，就是「生命之樹」（Tree of Life）❶。在圖的頂部，你可以看見「超因身」，有一圈圈的光環圍繞著白火核心。這些光環其實是相互貫穿滲透的球體，該圖底部的人形，代表今天你在哪裡——理想狀態的你。

你被聖靈的火焰包圍，那是紫羅蘭色火焰。它圍繞著你，因為你祈請它。它不是偶然來到那裡的，因為紫羅蘭色火焰並不是這個地球層與生俱來的。它來自神，來自靈性八度。因此，如果我們渴求擁有紫羅蘭色火焰的祝福，就必須召喚它們現前。我們可以發出聖諭，說道：

---

❶ 如欲看見全彩的「你的神聖自我圖」，請造訪 https://www.summitlighthouse .org/i-am-presence/

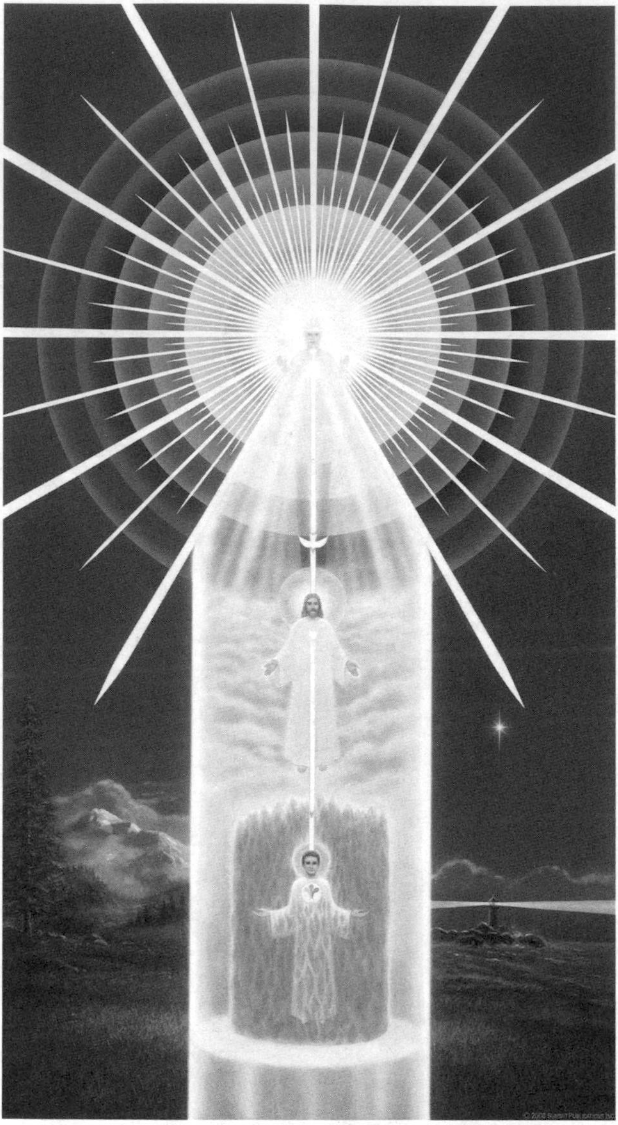

你的神聖自我圖

「我是」紫色火焰的存有，
「我是」神所樂見的聖潔！

同樣的，我們必須召來白光圓柱，在此圖中，你可以看見白光圓柱圍繞著你，為的是保護我們。運用我之前提供給你的「光的管道」，你可以做到這點。

你看見水晶繩（crystal cord）進入你的頭頂，也就是圖底人形的頭頂。水晶繩開始於你的因基身中央的「我是臨在」的心中，一路回到整個宇宙的「中央大日」（Great Center Sun），它是我們的太陽背後的「太陽」，是「實存」的靈性太陽。

這個光的管道，看起來很像一棵樹的樹幹。頂部發散的光環和光線看起來就像樹枝。因此，我們可以把它叫做我們的生命之樹。你可以看見有色環或色帶。這些光環其實是光球，圍繞著在你之上你的神臨在。

地球上的人民啊，人類是由元素誕生並由元素構成的，
但在你之內帶著神人的靈，
從你無知的沉睡中升起……
你們為什麼不斷的傳送，直到死亡，
擁有參與不死的力量嗎……
遠離黑暗之光且永遠放棄腐敗。
讓自己做好準備，穿越那七道光環，
然後將你們的靈魂與永恆之光融合。

——赫米斯・崔斯莫吉斯提斯（Hermes Trismegistus）[2]

我們的因基身

基督教的《聖經》說：「這星和那星的榮光也有分別。」[1]你個別化的神臨在是圖中在你上方的那顆星星。每一個人都有一顆不同的星星，因為這些彩色光環或光球反映出實現我們的神聖計畫可以行走的七條服務之路。❸

因此，因基身最外圈的藍色是你在召喚大天使麥可時所祈請

❷ 譯注：Trismegistus是「三倍偉大」、「偉人中的偉人」之意。

❸ 你可以參考附錄一，看看這七顆光球與在各自的靈修區，針對七道光束教導自我主宰的揚升大師們有何關聯。

的火焰，它賦予我們神的旨意。賦予我們神的力量。它賦予我們動力，在領導方面，在需要能量的任何事物上。通常，國家元首或社群領導人，乃至一家之主，藍色光環的供應都是相當充足的。

下一層的綠光代表療癒、科學、經濟、音樂，也與我們生命中的遠見、真理、豐盛有關。

紫色光球與綠色光球的金色內面結合，代表職事與服務之路，我們在此以任何職務或能力照料生命，從最微不足道的到最崇高偉大的，無論在什麼地方，我們都以某種方式關懷人們。

再往內是紫羅蘭色火焰光球。這是屬靈之路、聖職、教會的火焰。紫羅蘭也是靈性煉金術和另類科學面向的火焰，以及水瓶時代的色彩和火焰，在接下來的兩千年，水瓶時代強調的就是這種火焰。

下一圈粉紅色光球，代表各種形式的藝術、劇場、戲劇和音樂，以及以許多方式表達愛，例如慈悲相待。

最接近白火中心的是黃色光球，表示學習、智能、智慧、教師，以及以多種形式傳達知識的人。

白光位於中心，它是所有生命的幾何圖形，無論是建築、原子的建構要素、遺傳學，都與創造及創造的顯化有關。

我們看見「你的神聖自我圖」中在此闡明的是，我們在地球上所做的每一件正向且具有奉獻和無私等基督品質的事（為了榮耀神而不是榮耀自己小我所完成的工作），每天完成這些工作所產生的能量都會揚升，擴大我們的因基身的光球。

物質化身的重要性

在稱之為死亡的轉變時刻，我們為那個特定化身限定能量（無論是增加自己因基身的寶藏，或是增加自己的業力重量）的機會戛然而止。然後我們正在體驗自身行為的結果，沒有能力回頭彌補，沒有機會表達，未告訴某人的「對不起」或「我愛你」，也沒有進一步的機會，解決我們內在的心理問題或與家人的心結。

這是為什麼物質化身如此重要的原因：一切都是不斷變遷的。當你在這裡的時候，一切都可以改變。你可以彌補，你可以擺脫成癮，你可以召喚天使來解救你。當你撇開自我中心且投入你的較高自我時，你可以好好主宰你自己，成為神的欲望在地球上的載具。因為這麼做，你增強你的身分，因為在你之上的這個因基身，才是你的真實本性——你的神聖自我。因此，在你增強生命之樹的光球的過程中，你正在增強你的身分和你的神意識。你還沒進到天堂，就已經送出了你的善工善行，於是那變成你的天堂世界。

我們所做的幾乎每一件事，都會啟動某樣東西，產生複雜而難以預料的結果。一句閒話、漫不經心的評論，都可能使某人消沉一天或一週。於是我們種下了一個「因」。它運轉著，必會完成循環。或者，我們可能會為某人帶來喜悅、安慰或學習，或是某個有價值的真理，使對方突然懂得覺察，讓對方振作起來。那是我們可能啟動的另一個不同的「因」。它起著漣漪作用，影響他人。於是我們開始看見，我們最終要為自己的想法、感受、言語、行為負全責。有些人沒有看見那份應負的責任，直到經歷過死亡的過渡期後進行生命回顧時，才豁然明白。

生命回顧時的摯友

如同你現在知道的，一經過稱之為死亡的過渡期，我們就經驗到生命回顧，儘管對某些靈魂來說，生命回顧可能會被延後。這次回顧是由一支八位光之存有構成的團體主導，這些兄弟姊妹比我們先進，祂們嫻熟精通了時間和空間且已經存在光的八度中幾萬年了。祂們是宏偉的神自由（God-free）存有。他們被稱為「業力之主」（Lords of Karma），因為由他們裁定個人如何處理自己的業力。那是天國階層內部的部門，就像在地球上的政府內部有各機關處室一樣。

所有的靈魂都受制於輪迴；
而且人們不知道至聖的神的方法，
願祂賜福啊！
他們不知道

在進入這個世界之前和離開之後
都要接受裁決；
對於必須經歷的許多輪迴和祕密工作
他們一無所知……

——《靈光之書》第二卷

當你到業力之主前，你的神聖基督自我（「你的神聖自我圖」內的中間人形）與你站在一起。你的神聖基督自我是你的較高自我，是你與圖上方你的「我是臨在」的絕對「神完美」（God-perfection）之間的居中調解人。曾經有過瀕死經驗的人們，往往描述某個至高無上的光之存有，散發著無條件的愛。如同我在第二章提過的，這個存有最有可能是他們自己的基督自我。你的「神聖基督自我」也被稱作「較高心智體」（Higher Mental Body），較高指的是，這是在你之上的神的心智的純淨顯化，反之，對神的心智來說，你的較低心智體可能是一只支離破碎、殘缺不全的聖杯。

基督自我是你的最佳摯友、你的老師，它是寂靜、微小的良心之聲，對你說話，警告你不要去這裡，不要去那裡，遠離這個人，不要捲入那段關係或那樁特定的交易，因為基於某種原因，那麼做不適合你或是時間不對。即使你沒有邏輯上的理由，但你得到的那份直覺，卻是靈魂解讀，也是來自你的基督自我的內在指示。當你夜晚入睡時，你心中有個問題，然後第二天或下週，突然間，所有答案匯聚在一起——這些是從那個光之存有（你的神聖基督自我）降臨的。因此，當神的心智個別化成每一個人的神聖自我或較高心智，在較低自我中運作時，它採用心智體作為載具。

因此，在這次生命回顧期間，你客觀的觀察自己和你的人生，由你的基督自我支持維繫。讓你看見你曾經做過的決定、你的行為的後果、你曾經做過的善事和它為這個世界帶來什麼，以及你曾經參與且替世界帶來負擔的負面性。這是真實的，而且我知道你的靈魂知道這是真實的。我們知道這是真實的，因為我們曾經經歷過不只一次，而是許多、許多次，因為我們以前已經活過了許多次。

那變成莫大渴求的一刻，渴求完成我們的未竟之事。或許我們原本是要帶來某種特定的療法，透過醫學，透過正在進行的各種項目，而我們的生命被切斷了，因為某個前世化身的業力事件，突然間把我們帶離人世間。因此，我們無法完成我們想要做的事。

一項新任務

如同我之前解釋過的，在這次生命回顧之後，你被分派到某個地方，在天界內或並非天界的較低八度裡，那個地方與你的前一世和前幾世化身的業力相稱。你可能被分派到乙太八度某位揚升上師的靈修區，你可以在那裡研習，為你的靈魂的下一個化身好好做準備。這表示，已經從事過非常高階的服務和自我付出，才能夠達到那些層級。

在靈修區，你將有機會平衡和擴展內心的火焰，也就是所謂的「神聖基督火焰」。這是神聖的火花，我們的生命的真實本質。心中火焰的擴展使我們能夠行更大的善，為我們帶來更多的能量，使我們更加親近乃至與活生生的基督連繫。在那些乙太靈修區，我們可以祈請紫羅蘭色火焰，我們可以祈禱，我們可以在口說的「道」的科學中取得自我主宰。

當你在乙太靈修區時，一定數量的身體業力可以被抵消。但是，當你不在物質化身中的時候，需要花費比地球時間長許多的時間，才能夠平衡業力。你可以平衡的業力數量，取決於業力的性質和當事人的本質，沒有固定的公式。因此在這裡，你可以再次看見，為什麼在物質化身內是那麼重要。你現在是與目標契合，就在這一刻以及你生命中的每一天，隨時讓自己朝著這趟旅程的終點邁進。

當你處在物質化身的時候，你看見自己位在你的神聖自我圖中最下方的人形裡，你站立的位置，與聖靈宇宙的最高階，正好是位於對立的兩極。如果你在下方的物質界，而你的「我是臨在」位於最頂端，那麼圖中間的人形就是「活生生的基督的臨在」，然後你旋轉一下這張圖，你看見，你可以將神的一切向下帶到物質八度，而你在此下方的一切，也可以揚升成為那個神的一部分，那就是與神建立那份關係的意含。

我們現在占據著「物質」（Matter）宇宙最低階的振動層級，處在我們穿著的這些稠密的物質身體內，但我們的目標是要達到與「精神」（Spirit）宇宙的最高層級重新結合。所以，我們如何到達那裡呢？我們如何才能相信我們可以做到這點呢？

神聖的小我

我們一定有一個已被開發的自我感，或是人類的小我（ego），才能夠用它自信的交換基督心智。因此，自信非常重要。除非你有一份自我價值感以及神在你之內的聖潔感（那個你已經創造、已經建立的身分），否則你沒有東西可以交換基督身分（Christ-identity）。你需要創造一個可以接受的犧牲，讓你可以藉此逐步遞增的接收你的個人基督性、你的基督意識作為回報。重要的是，要知道你是誰、你不是誰——你是什麼、你不是什麼。

除非我們知道自己是誰，否則靈性之路根本不可能開始。也因此，非常重要的是，父母親要幫助孩子們逐步培育達成人生目的的實力，那表示，孩子們有能力辦事，他們可以實現達成。這些需要得到正向的強化，而且紀律是必要的，才能夠如實的帶出孩子們是誰和他們本來的樣子。我們可以這樣教孩子：我正在與我的強大「我是臨在」以及與我的「神聖基督自我」一起工作，但他們不會為我完成工作。我必須憑藉他們的恩典、憑藉他們的愛、憑藉自由意志的恩賜，親自完成。

當你首次成為自己且感受到某種空虛、不完全的時候，你領悟到，那個人類自我其實不是你想要的。你可能以優異成績從大學畢業，你可能已經在人生中成功了許多年。可是接下來，那天到來，你領悟到這個人類自我是受限的，它永遠不可能是無限的自我、得到擴展的自我，它不是神的器皿．它必須要在祭壇上被犧牲掉，然後你才能夠接收到真實自我（Real Self），也就是基督自我。

這是非常重要的一點。它是你的生命中、你孩子的生命中、每一個人生命中的核心。小我沒有好壞，我們把小我塑造成可能是好的或壞的，但小我是自我身分認同的關鍵，是自我價值和絕對自信的關鍵。

創造的能力

白天和黑夜的每一刻，我們都在創造。我們說出的話是我們的創作，它們是將能量帶進生命的杯子，包括我們用自己的心念和意圖、我們的欲求和情緒、我們的恨或愛所加以限定的能量。所有這一切都是業力。我們的行為啟動事件，事件產生後果，觸發其他行為，進而產生「迴旋鏢效應」（boomerang effect）。

覺察到我們的強大「我是臨在」是起始點，讓神的光、能量、意識透過我們的心、我們的心智、我們的靈魂、我們的靈性不斷發出，於是我們開始覺察到自己是神的延伸。我希望你覺知到，你的「我是臨在」現在在你之上，成為「我是自有永有的」（I AM THAT I AM），亦即，永恆的生命「本源」（Source）的焦點。從那個「我是臨在」流出一條「生命之河」，一條不斷流動的現實溪流，它是生命、能量和意識。當它流經你，你透過你的四個下階身體、透過你的脈輪、透過你的言語、感覺等等釋放它。

於是那股能量散發出去，它環繞地球移動，它影響這顆星球上的一切生命。這使你成為與神共同創造的人。祂給你無限的能量，祂給你自由意志，祂讓你可以觸及本源，使你有能力帶著那光並將那光投射在你選擇的模型中。

只有神和祂的子孫有能力創造。創造的行為涉及巨大的責任。只有業力法則可以教導我們那個責任是什麼。因此，如果我們想要創造且願意為我們的創造承擔責任，就必須接受業力法則作為衡量的標準。我們每天收穫的善業與惡業，讓我們知道自己栽種的品質。

為自己辦一場生命回顧

如果你想知道我認為生命是怎麼一回事，我會告訴你。我相信，生命的重點在於，成為靈性高手，對付那些挑戰我們、試煉我們、企圖使我們脫離心之所在的勢力。為了迎接挑戰並擊敗挑戰，我們必須處理自己的心理狀態、我們的業力紀錄、我們的意願、以及我們的一切欲求。

你可以現在就為自己辦一場生命回顧，不必等到跨到另一邊的時候。你可以今天就坐下來，寫下你認為你曾經幫助過他人的善行。你是如何竭盡所能的呢？或者，你是如此的專注於自己，專注到甚至沒有體認到人們需要你，沒有體認到你可以幫助許多人等等？你將會擁有多少的善業呢？好好想一想吧。

如果你有不喜歡自己的地方，現在可以立刻改變。我喜歡每天改變，喜歡每天超越自己，我想要愈來愈與天使合而為一，我想要變得愈來愈像神，不停留在人類意識的低階層級。我不想浪費自己的時間。我想要加速，因為如果我在靈性之路上加速，就可以幫助他人。

你也可以做到同樣的事。好好利用那些時刻，出去幫助別人，尤其是小小孩，尤其是年輕人深陷在星光層、參加撒旦儀式，以及種種著實使我們對世界正在發生的事，裹足不前的事物。

當我們想要神的心念，大過想要這個宇宙裡的任何其他事物時，當我們可以靜默且知道在我們裡面的「我是臨在」是神的時候，我們就不會離開心的那個中心位置。我挑戰你每天嘗試一下這件事，看看當你不允許自己被來到面前的任何東西或任何人推動時，會發生什麼事。

你可以針對這事做筆記（如果你認真看待此事，就應該那麼做），因為這麼一來，你就有點是在跟自己玩遊戲。你會得到好成績，只要你抗拒沮喪或惱怒或嫉妒或可能是你的弱點的不管什麼東西的動量。而且你注意到自己何時沒有那麼做，你注意到你的能量何時下降，你注意到你吃什麼，飲食如何影響你，以及飲食如何使你遠離歸於中心等等。你成為自我的觀察者，然後你看見，你的靈修奉獻如何激起你改變的能力。

光，讓我自由！

我們已經逐漸達成確立和重新確立我們的存在的真實本質。我們發現，那份內在的存在是熾熱的核心·我們已經定義為「OM」（音「唵」或「嗡」）以及「我是自有永有的」。然而誰能定義且因此限制神的意識呢？我們已經觸及了神已經給出的神聖的「道」，藉由追蹤聲音的抑揚頓挫，和我們內心裡的快樂光芒，我們可能會發現意識的核心。當我們觸及神的名字時，我們觸及那把火焰。當我們觸及那把火焰時，我們也觸及「佛哈特」（fohat）——回應口說的「道」而發出的能量和光。

當你帶著你的心的所有火力，說出一段祈禱文時，那則祈禱就成為一道諭令，用你個人化的神臨在的權威，說出口的一道命令。當你深思默想你說出口的話時，要頓悟到，神本身是在你的靈魂裡面唱誦的諭令，運用不朽的「道」的力量現前。

當我們說：「光，讓我自由！」的時候，我們正在對那個熾熱的核心說話，那個核心是OM，是「我是自有永有的」，是存在的陽剛陰柔同極，父神與母神同在。而我們正在發出一則諭令：光，讓我自由！光，讓我自由！光，讓我自由！現在，光，命令、命令、命令我的存在是自由的！光，要求我的存在是自由的！光，在我的存在之內擴展！因為這個「我是」之光，我聲明「我是」那光！我聲明「我是」紫色火焰的存有！紫色火焰從白火核心發出。那是我們要抓住且好好經營的自由的火焰。於是最終，「我是」神所樂見的聖潔！

在OM之中，在「我是自有永有的」之中，神是存在，是生命渴求更多的存在、更多的生命、更多的意識。當我們與那同流時，當我們將我們的創造諭令強加在它之上時，那把火就從內在擴展。有某種特定的擴展發生在靜心冥想時；而且那樣的逐漸增長，以及將光錨定在物質內、在分子中、在實體裡、在地球內、在泥土裡，必須透過口說的「道」的力量發送出來。也因此，與神共同創造的人類，被賦予說話的力量。這是神聖的恩賜，使我們能夠在物質層面營造我們的神性行動的火花。

說出這道諭令時，請把注意力放在你的心，讓創造之火從你的心發出，流向神的心：

光，讓我自由！

光，讓我自由！
光，讓我自由！
光，讓我自由！
光命令，光命令，
光命令、命令、命令！
光要求，光要求，
光要求、要求、要求！
光擴展，光擴展，
光擴展、擴展、擴展！
光「我是」，光「我是」，
光「我是」、「我是」、「我是」！
「我是」紫色火焰的存有，
「我是」神所樂見的聖潔。

選擇的自由

你需要從內到外了解自己，但你不是那個自我。你是內在的光點，你是正在取得自我主宰的靈魂，你可以成為你的基督自我。然後你將不會被你的四個低階身體所推動，也不會企圖打破你與你的神聖基督自我、與天使們、與揚升上師們的——那份奇妙的愛的約定。

這是你消除估算中的風險的方法。你對你的生命的估算是，神將你安置在地球上，而你不會被誘惑，除非是，只要想要，你就有動量、實力、智能，擊敗那份誘惑、那層幻相的事物。

所以，你瞧，那其實不是風險，但它需要你全部的愛、一切的努力、所有的決心。你需要的火焰是持久不變。不要一天低落，隔天上揚。要保持穩定。不是曇花一現，不是流星，而是恆定不變的。

反問自己：「我要如何在地球上活出我的人生呢？」目標是盡可能的將天堂世界帶到人間，同時不要成為唯物主義者，太過依戀物質世界，依戀到錯失了原本是要來掌握超越物質世界的勝利。

這樣的勝利，會為我們帶來選擇的自由，可以選擇為了某個特定的任務而存在物質八度，然而卻不受制於業力，因為我們已經平衡了業力。因此，我們將能夠以更加崇高偉大的角色，為生命服務，而且我們將擁有選擇權，可以選擇不返回到物質層，而是選擇在乙太八度中，為正在演變的許多宇宙進化做出貢獻。

你的下一世會是什麼樣子？

揚升上師聖哲曼曾經告訴我們，我們可以在今生掙得我們的揚升，或者，至少可以在下一世揚升——如果基於某個原因，有業力上的要求無法在今生完成。但祂並沒有說揚升很容易。揚升有三十三個「點化」（initiation，又稱「啟蒙」、「入門」），以及若干其他的揚升必要條件。這些必要條件不僅包括平衡我們的業力、消除累生累世在我們的電子腰帶中留存的稠密負面紀錄，還包括平衡我們心中的神力、神智慧和神愛。它包含實現我們為生命服務的神聖計畫、嫻熟精通疾病和死亡等等外在條件的意識。這聽起來令人生畏嗎？

稍早說過，大部分的人將會為了另一世而返回到人世間，因為你還沒有實現你存在的理由。但如果你不將你的揚升設定成人生的目標，你可能會錯過今生和未來幾世的標竿。如果你投籃，你的目標難道是「幾乎命中」嗎？不是吧！你專注聚焦在贏得比賽，即使需要不只射一次籃。

二十世紀初期，地球接收到天界階層的特許，允許靈魂們只要五一％的業力得到平衡便可以揚升，而不是之前要求的百分之百。但你如何知道自己平衡了多少業力呢？對多數人來說，答案是不知道。何況業力不會保持恆定不變。在應對日常生活的挑戰時，業力時時刻刻上下波動。

生命的遊戲需要聚焦在創造的張力（tension），不是焦慮（anxiety），而且當你在內心深處知道自己值得獲勝的時候，勝利的歡樂心情便油然而生。因此，不要因為諸多要求而不知所措。要知道，當你培養好你與揚升上師和天使們的關係時，你便取得了你需要的一切幫助。他們將會捍衛你的目標，為你的最終勝利（畢業並離開一再出生的生命之輪）做好準備。而且從你揚升的那一天開始，你的「下一世」將會活在天界的乙太層級。

畢業預演

預演是準備的一部分。我在此要給你的這套聖諭，代表耶穌基督一生修行的步驟或階段，已在揚升儀式中，從這間地球教室畢業的所有東、西方聖哲，也都是採用同樣的修行法。❸

這些聖諭始於靜心冥想，透過心臟吸收紫羅蘭色火焰的能量。我們將注意力放在心上，利用觀想的力量，在我們的心中看見這把聖靈聖火的紫羅蘭色火焰。對著心冥想，透過心釋放那股能量。

❸ 若要觀想自己處在「你的神聖自我圖」的影像之內，經驗著這些聖諭的作用，同時聆聽依麗莎白・克雷爾・普弗特唸誦這些聖諭，請造訪 https://www.summitlighthouse.org/HHHvideo

紫火啊，祢的愛是神聖的，
在我的這顆心裡熾熱燃燒！
祢是永遠真實的悲憫，
讓我始終與祢和諧同調。

押韻的四行英文，代表一則煉金公式，就像是一個分子的矩陣、能量的原子矩陣。觀想是為了將「我是臨在」的光吸引過來，然後將那道光錨定在心裡。

永遠要記住，發出聖諭的不是你，而是你裡面的神。你裡面的神是聖諭，是聖諭的能量，是聖諭的聲音，是發聖諭的人。單純的允許你的靈魂自由流動，與那股能量一同移動。隨著你愈來愈深入冥想和觀想，聖諭可以被發出一次、三次或一百次。

口說的「道」的科學，啟動我們對著神靜心冥想的成果，然後將成果融入物質層。這則聖諭開啟煉金術的轉變。煉金術是一種轉化、蛻變的方法或力量。因此，當你採用口說的「道」的科學時，你可能會注意到，生活中出現立即的物理變化，身體產生物理變化，變得更健康，心智頭腦改變，邁向開悟，你的工作、你的住家、你的婚姻、你的家人和你的孩子的境遇，也改變了。

這套聖諭的下一部分，從心移到聚焦在頭部。我們要在這一系列的聖諭中尋求心、頭、手的平衡，作為平衡「三位一體」（Trinity）的行動。因此，以下是關於「頭」的聖諭：

「我是」光，祢是我裡面的基督，
讓我的心智永遠自由；
紫羅蘭火，永遠照亮
在我的這個心智深處。

賜予我每日食糧的神啊！
用紫火填滿我的頭
直到祢天堂般的光輝
使我的心智充滿光明。

現在聚焦在手：

「我是」神的手在行動，
每天取得勝利；
我純淨的靈魂最心滿意足的
就是行著中庸之道。

當我們發出這些真言時，我們觀想紫羅蘭色火焰熾熱燃燒，穿透心和頭，然後經由行動中的手被釋放。這套「心、頭、手」聖諭，是能量流動的儀式。這些聖諭撫慰情緒，它們整合心智、身體、靈魂，它們的存在是幫助自我實現，它們使生命的能量自由。

發出這些聖諭時，就是在清理好幾世紀以來化身的紀錄。潛意識心靈正在被清理，移除掉那些每一個人經歷過、導致精神病和神經症，以及我們承繼的所有疾病的困難和問題。這些聖諭化解意識的模式，它們發展出一抹流動、一份覺知、一股與「內在自我」合拍合調，有利於創造，那是一種安康活著同時基於地球上的善而行動的感覺。

光的管道

我之前提供過的「光的管道」，是這個系列的下一個主題。這是一種設置力場的方法，方便靜心冥想，方便口說的「道」的科學，或只是方便你的日常活動。順帶說明一下，要習慣於發聲唸誦你的真言和冥想。這麼做會增強它們在物質八度的力量。大聲嘗試一下，看看感覺如何：

摯愛的燦爛的「我是」臨在
圍繞我將我封印在祢光的管道中
祈請來自揚升上師的火焰
此刻以神之名召喚。
護佑我聖殿

免於所有朝向我的不和諧。

「我是」召喚紫色火焰現前
燃燒並轉化所有的欲求，
奉自由之名持續下去
直到「我是」與紫色火焰合而為一。

將這則聖諭發送給「我是臨在」的同時，你可以觀想自己站在這個巨大的光的管道裡面。而且在你的周遭，看見紫羅蘭色火焰的能量浸透你，流經你的身體，燃燒穿透肌膚，穿透動脈、靜脈、雙臂、雙腿、四肢。感覺到你的存在浸透飽滿，全神貫注在「自性」的視界。

你將會成為——你所看到的一切，你所祈請的能量。神的能量將會聚結在你的觀想的周圍，根據你的內在自我、你的基督自我的方向顯化，而這個自我始終是聖諭和冥想的導演。

寬恕原罪

肯定表明的寬恕（forgiveness），使我們與我們的神聖基督自我和諧同調，這個自我在我們的存在之內，具有寬恕原罪的權威。為了接受那份寬恕，我們發出下述聖諭：

「我是」寬恕就在這裡運作
驅散所有的懷疑和恐懼，
帶著宇宙勝利的翅膀
讓人永遠獲得自由。

「我是」正全力的召喚
為了時時刻刻寬恕；
在生命中的每一處
我溢滿寬恕的恩典。

當我們寬恕生命，生命便寬恕我們。這則寬恕的真言，將寬恕釋放給每一個人。無論我們在什麼情況下有不公不義之感，或是曾經蒙受冤屈，都可以觀想這把寬恕的紫羅蘭色火焰，從我們的心發出。我們觀想它觸及與我們曾有誤解的每一個個體，而且我們感覺到巨大的平和與愛，以及不和諧被化解。

這是循環的法則，業力的法則，因果的法則，在我們的生命中做工。當我們栽種的能量是好的振動時，我們收穫的能量就是好的振動，然後我們開始向上盤旋。那個盤旋的頂點是靈魂解放，靈魂藉此天天與永生神的聖靈重新結合。透過口說的「道」的科學，我們可以每天多揚升一些。

接收豐盛

豐盛（abundance）是生命的自然法則，永不匱乏，然而也不活得過度奢華。接下來這則聖諭，是為了讓我們了悟這則豐盛的法則。

「我是」免於恐懼和懷疑，
將匱乏和悲慘驅逐出境，
現在知道所有美好供應
始終來自高高在上的界域。

「我是」神自己的財富之手
溢滿光明的寶藏
現在接收盈滿的豐盛
供應生命的每一個需求。

這是一則有趣的聖諭，因為我們立即使用神的名字「我是」，而且肯定表明，我們的存在是免於恐懼和懷疑的。貧窮的根本原因是恐懼和懷疑。如果我們在表意識或潛意識層次有害怕恐懼，就無法引出豐盛和供給。

當耶穌行在水上時，彼得問，他是否也可以過來和他的主一同行在水上。耶穌說：

「過來。」於是彼得行在水上。這個能量的轉移，來自於彼得的注意力，集中在是基督的耶穌身上以及彼得的信。只要彼得的注意力集中在耶穌身上，他就在水面上。但是當彼得暫時陷入自己的恐懼漩渦之中，他立即斷了這個聯繫並沉到海浪之下。

耶穌的身體充滿了光，而那光戰勝了大自然的重力法則。這是因為耶穌自己的完美意識——祂覺知到那位「內在大師」、那位「我是臨在」是完美的。但祂並不認為那個完美的法則是祂自己獨有的。祂教導的是，祂所示現的法則適用於每一個人。因此祂吩咐我們：「你們要完美，像你們的天父是完美的一樣。」

完美的能量

這則聖諭是要幫助我們領悟到．我們可以抱持完美（perfection）的法則。神的完美能量可以如實的蛻變我們的生命。

「我是」神指引的生命，

祢的真理之光在我裡面燃燒。
所有神的完美集中於此，
脫離一切不和，讓我自由。

讓我且使我始終錨定
在祢的計畫的公平正義中——
「我是」完美的臨在
在人之中活出神的生命！

因此，在與神合一時，我們可以宣稱：「在我裡面的神，是神指引的生命。」我們可以說：「在我裡面的神是完美的臨在。」而且憑藉宇宙法則，它必須顯化，因為我們已經將它與神的名字、即宇宙的全能結合在一起了。

追求變容

由於這個系列中每一個後續聖諭的關係，你引出更大等級的光。隨著你變得愈加敏感，你可能會開始在身體內感覺到這光不斷積累。你可能會開始感覺到更大的火焰在內心裡燃燒。

在內心裡如此燃燒，表示你內心裡的三聖火焰正在擴展。這把聖火正在燒毀不合格的恐懼、憎恨、動機不純等能量，這些往往包圍著心。然後，追求點化「變容」（transfiguration）的那一位，發出下述聖諭：

「我是」正換掉我所有的服裝，
換掉舊衣，迎接全新的一天；
有了理解的陽光，
「我是」一路發光發亮。

「我是」光，內在的，外在的；
「我是」光，無所不在。
充滿我，解放我，榮耀我！
封印我，療癒我，淨化我！
直到他們說我變容了：
「我是」發光發亮，像人子一樣，
「我是」發光發亮，像太陽一樣！

這則聖諭中有著巨大的喜樂，因為它代表光的注入，促使我們身體的各個細胞開始充滿光，且開始沖刷掉物質身體以及心智體和情緒體的毒素。發出這些聖諭的喜樂，就是成為神的喜樂。

復活的火焰

最後一個要戰勝的敵人是死亡，難道這是千真萬確的嗎？實際情況是，並沒有死亡，但我們必須加以證明。復活（resurrection）是神的能量透過我們的存在再現。引出復活的能量，使耶穌能夠在被釘死於十字架之後，又在祂的身體內復活過來。藉由祂的靈魂對祂的基督自我的靜心冥想，耶穌讓自己的身體黯淡無光，直到祂讓那個身體恢復生氣為止。

現在，藉由回復意識、喜樂、幸福、愛、真理，我們展開個人的復活。我們不斷增強和加速神在我們之內的意識，直到戰勝死亡的終極勝利，就是我們的靈魂在靈性之路上，追尋靈魂與神重新結合的自然結局。有了這則聖諭，你可以說：「我每天都在復活啊！我每天都在戰勝死亡啊！」

「我是」復活的火焰，
神的淨光透過我熾熱燃燒。

現在「我是」提升每一個原子，
脫離每一道陰影，「我是」自由的。
「我是」神的全然臨在的光，
「我是」活出始終自由的生命。
現在生命的火焰永恆
上升至勝利成功。

觀想白光穿透你到來，成為白火從你的雙腳下方脈動升起。它是一個能量場，可以使你從疾病回復成健康，從消沉沮喪回復成完整圓滿，從焦慮回復成喜樂。

我們針對復活發出聖諭，為的是移除死亡的意識。我們天天背負著死亡的能量，超出我們意識到的。恐懼是死亡的開端。對自己的懷疑是死亡的開端。譴責或貶低自我，是謀殺自我和自我自由的潛能，自由透過這把復活火焰到來。

死亡只對相信我們的生命實際上僅限於這具身體的人們來說，是真實的。但生命存在於心中和靈魂中的火焰裡，且隨著此時和未來持續走在加速之路上，這些便會繼續前進。

意識揚升

復活之後是揚升（ascension），揚升是意識的加速。這實際上是電子在圍繞著原子核旋轉並穿透原子核時，電子的振動速率增加，直到最終，靈魂與「我是臨在」（個別化的神臨在）重新結合。

揚升是這一系列的結束聖諭。一旦我們開始發出這則聖諭，我們就是在加速自己氣場中的白光，在今生結束時，或是在某個來世（或許是我們的下一個化身）結束時，為那個最終與神的重新結合做準備。

「我是」揚升光，
勝利自由流動，

所有的善最後贏了，
永恆不渝。

「我是」光，一切重擔消失。
我提升到空中；
我傾盡全然的神力給眾生，
我奇妙的讚美之歌。

歡呼吧！「我是」活生生的基督，
始終愛人的那一位。
現在以全然的神力揭升了，
「我是」燃燒的烈日！

這則聖諭的觀想是一顆白色光球，現在包圍住你整個形相、你的整個存在。當你說

「『我是』活生生的基督」時，你是在肯定表明：「在我裡面的神是活生生的基督，而且曾在耶穌裡面以及東、西方所有聖哲和大師裡面的那個基督，現在正在我裡面顯化成我心中三聖火焰的充盈豐滿。」

不死的目標，是世界上每一種宗教的人們都親近和心愛的東西。無論它被叫做靈魂解放或揚升或涅槃，都是同一件事。揚升是我們加速自己內在的神的意識，是我們返回到存在的白火核心、意識的核心。基督徒稱之為上天堂，佛教徒稱之為進入「圓寂」，代表巨大的靈魂解放。那的確是解放，那是我們跳脫輪迴的自由，也是我們擺脫業力的自由。

我確實認為，許多人都沒有覺知到，我們今生可以返回到神。其他人對此則有誤解；他們以為，只要簡單的聲明信仰，或是承認耶穌基督的名字，他們就會自動被接收進入天庭。不幸的是，事實並非如此，因為業力法則要求我們平衡業力的點點滴滴。因此，神提供我們輪迴轉世的方法，靈魂得以藉此一次又一次的回來，直到最後她終於可以證明愛的法則，並與永生的神重新結合。

誰是瑟若佩斯？

瑟若佩斯・貝（Serapis Bey）擔任第四道光的霍汗，你可以在附錄一的圖表中看見這些資料。祂的靈修區位於埃及路克索（Luxor）上空的「揚升聖殿」（The Temple of the Ascension），祂在那裡為揚升候選人做準備。

瑟若佩斯說：「我想，認為他們不可能是完美的人，把完美想像成束縛瘋子的約束衣，或是枯燥乏味的東西，欠缺氣魄、活力、喜悅或自發性。不是這樣的，完美是百合花綻放、高貴的紫羅蘭綻放，完美是臉上的笑容。

「神不是按照人類的標準量測完美。畢竟，人類怎麼可能擁有完美的標準呢？神量測心中的動機、心中的愛，而人類批評的，神卻尊之為完美……

「我們不需要把宇宙法則複雜化。宇宙法則是行動中的愛。宇宙的愛是行動中的法則。宇宙的愛和法則是你的信心、你的希望、你的喜樂……

「如果你能夠看見天堂為你貯存的一切，你就會行動迅速，乘著老鷹的翅膀，飛進我們在高山裂縫中的靈修區。你會來的，你會逃離塵世的牽絆糾纏。」[2]

揚升上師瑟若佩斯．貝教導我們，揚升之路是愛的道途，是愛的夢想被實現履行。所以我們知道，正是愛的道路帶來聖潔的道路，最終達到揚升。已經揚升的人們，來自各大洲，遍及每一個宗教，但全都是透過愛的修行達成揚升的。如同瑟若佩斯所言：「點化揚升進入更高意識的修行，只有經由愛才能夠被誕生出來，經由那顆心和那個靈魂，如此洋溢著對神、對偉大上師的愛，因此一定會忍耐到底，直到人類意識循環的終點。」[3]

業力的迷宮

我們在人世間的職責，是要平衡我們的業力，並使世界盡可能成為最美好的地方。我們可以在時間的沙地上留下足跡，說道：「還有另外一間教室，一間乙太層級的天界教室，你可以在那裡實現更多你存在的理由，和你的一切夢想。一旦你平衡了自己的業力，機會是永無止境的。你可以再次陪伴你的雙生火焰（你的男性或女性配對靈體，孕育自同一個白火體，亦即火一般的我是臨在卵形體），以及等同於你的一部分進化的所有靈魂。」

在你眼前，保有達到乙太層級的目標和揚升的最終目標，就像是擁有一張藏寶圖。但業力的迷宮是幻相，使你始終無法觸及乙太層級中那座璀璨的城市。你無法完善沒有能耐容納完美的事物。星光層和物質層都沒有能耐容納完美，但完美可以且確實存在於乙太八度中。

如果你想要永久活在乙太八度，以及人們在瀕死經驗中看到的所有美麗地方，就必須編織不死的太陽衣，也就是不死的太陽體。人們稱之為「結婚禮服」（wedding garment）。這場「婚禮」是你的靈魂與你的較高自我（活生生的基督）結合。若要進入那個乙太層八度，你必須周圍有那套「光之鞘」（sheath of light），也就是那套結婚禮服。

在這個時候，你比你所知道的更需要揚升上師。你需要一位老師來引導你，恰恰是在這個時候，你相信自己很安全，懂得適應幻相層，不需要任何人——什麼都不需要，只需要你的下階自我的聰明心智，那是你認識的所有同胞中最聰明的！你被捆綁在重新誕生的轉輪上，不斷進入又離開一個沾沾自喜、自我滿意的存在，處在不知不覺的違反神的律法的危險之中。何況你無法保證，一定會再次化身在可以帶領你脫離業力迷宮的悟道者之間。

找到上師

這是一則真實的故事，講述某人如何找到她通向揚升上師的道路。一名年輕女子在車禍之後經歷了瀕死經驗。當她在醫院內醒來時，她記不得那場事故。只記得下述內容：

我只記得飛過這片真空，那像是一片陰鬱的黑暗，而且是一片虛空。我其實無法用言語形容，直到後來讀到雷蒙．穆迪的著作《死後的世界》。感覺好像我正在飛過某樣東西，與衝著我來的這些很明亮、很明亮的光一起。然後我就出現在這個平和的地方。

我不記得任何背景，只記得站在這個我認為是神的美麗存有之前。那個存有的外形是一位有愛心的老人。我想，那個外形是我需要看見的。

我成長的環境……有恐懼和內疚，諸如此類。我幾乎變成了無神論者。我知道我其實是相信神的，但在青少年時期，我的父母親沒有住在一起，事情對我來說相當艱難。我就變得真的很怨恨神，我不相信那裡有任何東西，我認為神不會創造一個這樣的世界。

那是非常燦爛、明亮的光，感覺好像那個影像的本質就是這個光。祂一遍又一遍的說著這些話：「你準備好要死了嗎？」

當我醒來躺在那家醫院的時候，我就是不斷聽到那些話：「你準備好要死了嗎？」祂實際上不是在說這些話。一切都是某個振動。祂正在讓我看見的是，我是祂的一部分，我是那光的一部分，我的靈魂是來自海洋的一滴海水。我是神的一部分，神給了我光，而我可以用這光完成我喜歡做的不管什麼事。

祂讓我看見我一直用這光在做的事，同時詢問我是否準備好要死了，以及我是否完成了今生想要完成的事。我滿懷感激，居然看見了我正在做的事是不值得的。我升起了懇求要回去、要真正讓我的人生有所建樹的感覺。

我澈澈底底的轉身，希望我的人生真正以神為中心。我唯一想做的是，找出生命到底是怎麼一回事。

這次經歷後，這名年輕女子開始積極蒐尋。她的蒐尋帶領她經歷了不只一場的靈性活動。最後，她找到了庫圖彌（Kuthumi）與迪瓦庫（Djwal Kul）談論人類氣場的著作。[4]她說，聚焦在神的光和「我是臨在」，讓她知道這些教導是正確的。

那本書中有我體認到的東西，就是教導的純正。我參加過的其他團體要麼用這些教導幫助你賺錢，要麼以某自私的方法提升自己。但這是我發現的第一件為了你的靈魂的利益，且會將你提升到更高層級的東西，而那正是神讓我看見的，你必須不斷將自己提升到某個更高的層級，才能夠達到可以與神同在的層次。所以那就是我要蒐尋的東西。

無價的聯繫線

當你與揚升上師們接觸時，那條聯繫線就確立了。如果你選擇追隨揚升上師們的教誨和靈性之路，那條聯繫線就變得愈來愈牢固，直到成為名副其實的繩索，然後變成像是一條鋼纜。而且一世接一世，在你完全回到天家之前，你絕不會放掉這些揚升上師和天界的主持們。

滋養並緊緊抓住那絲聯繫的火焰是非常重要的，因為有些時候，在一個人的經驗中，與揚升上師的那份聯繫是你的救生圈，也是你所擁有最重要的東西。其中一個時候是死亡的過渡轉換期，即你要離開這個物質八度、離開這具身體的時候。

請記住，在你的人生中，有些東西是極其重要的。所有經過的人生幻想，所有足以令我們神魂顛倒的個人財產，所有新的這個和新的那個，不會跟著你離開。別人得到那些物質的東西，而你赤裸裸的以靈魂的身分回到神的身邊。在那一刻，你擁有最為無價的個人財產是那條聯繫線，觸及那些可以在你的旅程中協助你的兄姊們。

因此，歡喜的迎接每一天，知道你有揚升上師們作為你的老師，知道你可以用紫羅蘭色火焰提升，平衡你每天的業力分量，然後盤旋得愈來愈高，即使你居住在人世間。過程中的每一步都把少量的天堂帶到人世間，然後地球上生命的真實本質一定會改變。我們確實是我們想要看見的轉變，只要我們走在返回天家的路上，趁著我們還在這裡的時候，協助、教導、慈悲對待需要幫助的任何人。

時間很寶貝，生命誠可貴。請珍惜這次被賦予可以活在地球上的機會，好好利用它。

願你一路成功勝利！

——依麗莎白・克雷爾・普弗特

Elizabeth Clare Prophet

附錄一

靈修區

來自神的內心的純淨白光，當降下通過顯化的稜鏡時，自然劃分成七道色光。這七道光束，代表最終在揚升儀式中，達成與神結合的七條道路。每一道光束的守護者（又稱「霍汗」），都將自我主宰的方法，傳授給渴望擴展特定的神品質（God-quality）的人們。

請求在夜晚睡覺的時候，你乘著乙太體被帶到這些靈修區研習：

以全能的神和我自己的較高自我的名義，我召喚摯愛的大天使麥可和祢的藍光天使們，在我睡覺的時候保護我，並帶著我的乙太體去到（揚升上師的名字）的靈修區。我感恩的接受這事按照神的旨意完成。

<table>
<tr><th>光束</th><th>色彩</th><th>上師</th><th>靈修區</th></tr>
<tr><td>1- 力量</td><td>藍</td><td>艾莫亞（El Morya）</td><td>印度大吉嶺</td></tr>
<tr><td colspan="4">在人世間的時候，艾莫亞是政治家、詩人、經濟學家、聖哲。教導理解神的旨意以及你的靈魂的神聖藍圖或計畫。與居領導地位的人們、組織幹部、社群領袖、公職人員以及參與國際關係的人們一起工作。</td></tr>
<tr><td>2- 智慧</td><td>黃</td><td>藍道（Lanto）</td><td>美國懷俄明州大蒂頓（Grand Teton）</td></tr>
<tr><td colspan="4">監督所有教育體系和高等學府，關心世界青年的啟迪教化。以實用的方式為西方心靈詮釋古代的智慧，且為東方的傳統主義者推動「新時代」之路。與老師、哲學家和教育工作者一起工作。</td></tr>
<tr><td>3- 愛</td><td>粉紅</td><td>威尼斯的保羅（Paul the Venetian）</td><td>法國南部</td></tr>
<tr><td colspan="4">神性藝術家，以卓越的作品賦予每一個靈魂獨一無二的基督形象，用愛的修行為更高階的靈性點化準備這一切。與藝術家、設計師，以及所有渴望將揚升上師文化之美帶到地球上的人們一起工作。</td></tr>
<tr><td>4- 純淨</td><td>白</td><td>瑟若佩斯．貝（Serapis Bey）</td><td>埃及路克索</td></tr>
<tr><td colspan="4">接收並訓練等待揚升的候選人。神聖秩序、內在生活、黃金時代城市的建築師，以及光、和平、自由三原力的軍紀執行者。與建築師、規劃師以及致力於任何純淨和紀律工作的人們，一起工作。</td></tr>
<tr><td>5- 真理</td><td>綠</td><td>希拉靈（Hilarion）</td><td>希臘克里特（Crete）</td></tr>
<tr><td colspan="4">所有科學和療癒術相關的物理和形上學分支的老師。與無神論者、不可知論者、懷疑論者，以及其他對生命和宗教幻滅的人們一起工作，也與科學家、療癒師、音樂家、數學家，以及所有追求真理的人們一起工作</td></tr>
<tr><td>6- 服務</td><td>紫與金和深紅</td><td>娜達（Nada）</td><td>沙烏地阿拉伯</td></tr>
<tr><td colspan="4">在業力委員會（Karmic Board）跟前為靈魂辯護，是統合家庭與雙生火焰的上師。教導透過為生命提供服務嫻熟掌握情緒和愛的實際應用。與執行者、護士、心理學家、法律顧問、公務員，以及所有執掌人類需求的人們一起工作。</td></tr>
<tr><td>7- 自由</td><td>紫羅蘭</td><td>聖哲曼（Saint Germain）</td><td>羅馬尼亞</td></tr>
<tr><td colspan="4">美利堅合眾國的贊助者以及水瓶時代的掌權者。聖火的煉金術士，為我們帶來自由的紫羅蘭色火焰的禮物，可以轉化個人和世界業力。與外交官、演員、作家、自由捍衛者，以及聖火的祭司與女祭司一起工作。</td></tr>
<tr><td colspan="4">https://www.summitlighthouse.org/Lords7Rays
https://www.summitlighthouse.org/etheric-retreats/</td></tr>
</table>

附錄二

與神對話

執業二十年後，梅爾文．莫爾斯（Melvin Morse）醫師從全職的小兒科退休下來，然後，他成為意識科學研究院（Institute for the Scientific Study of Consciousness，ISSC）的研究主任。在擔任ＩＳＳＣ研究主任期間，他因意識研究而獲頒「沃卡利爾國際獎」（Warcollier International Prize）。莫爾斯曾經出現在廣播和電視節目，討論他對兒童瀕死經驗的廣泛研究。他寫過五本書，包括《跨過生死之門》（*Closer to the Light*）和《死亡之光》（*Transformed by the Light*）。

二〇一八年十二月十四日，莫爾斯在名為「透過兒童瀕死經驗更進一步了解意識」

（*Better Understanding Consciousness Through Children's NDEs*）的系列文章中，分享了一篇文章。

莫爾斯在文章開頭便說：「有時候，瀕死經驗的敘述本身，就包含了證明這些經驗是『真實』的元素，這意謂著，我們可以信任從這些經驗中取得的信息。」他親自救活了八歲女孩傑美（Jamie），還根據他專業的醫學和科學經驗背景，講述傑美的故事。他也證實，在傑美親眼目睹手術室的細節，並遇見一位她認為是耶穌的某人期間，傑美確實在臨床上是死亡的。「祂人很好，」傑美說。她還看見一團光，告訴她「她是誰，她要去哪裡」。她還遇見了「爺爺外公、奶奶外婆，以及等著出生的寶寶們」。

下述摘錄自莫爾斯的文章「我認為你應該沒辦法跟神說話」（I Didn't Think You Were Supposed to Be Able to Talk to God）。[1]

> 傑美在她的私人醫師的診所陷入昏迷，然後被私人醫師趕忙送到華盛頓州倫頓（Renton）的山谷醫學中心（Valley Medical Center）。她患有某種細菌性腦部感染，應該在發病後幾個小時內死亡。結果，她活著畫了一張圖，描繪自己復活的情景。

我們的研究團隊，在她心臟驟停之後幾個月採訪她，作為我們在西雅圖兒童醫院（Seattle Children’s Hospital）加護病房研究心臟驟停倖存者研究的一部分，傑美沒有跟任何人說過她的經歷。當我問她為什麼沒有告訴任何人的時候，她小聲對我說：「我認為你應該沒辦法跟神說話。」

我們怎麼能相信這則故事呢？傑美來自一個不特別虔誠的路德教派家庭。她所描述的耶穌看起來比較像聖誕老人，不是在她家中和所屬教會的畫像裡所描繪的典型耶穌。她的教會和家庭不教輪迴，也沒說天堂有一扇門，寶寶在那裡等著被誕生出來返回人世，如同我在她的圖畫的右下角看到的。傑美在從臨床死亡成功復活之後幾個月，為我畫了一張她心臟復甦和上升到天堂的圖畫。

所謂臨床死亡，我的意思是，她的心臟已經停止跳動，她不是靠自己呼吸，而且處於深度昏迷的狀態，無法透過平時的感官看見或聽到任何東西。她的腦處在細胞完全死亡便不可能復原的邊緣。在臨床死亡的狀態中，患者不是在做夢；他們幾乎沒有腦部活動，也沒有能力產生典型瀕死經驗中描述過的複雜幻覺。他們的腦根本沒在運作；它是完全關閉的……

我們了解，腦部正在關閉，以維持其細胞結構的完整性。腦部在生命盡頭設法保存其細胞的能量與氧合作用。如果瀕死經驗是一種幻覺，那麼它必須涉及腦部的幾乎各個區域，包括視覺皮層、聽覺皮層、語言中心和情緒。這不太可能發生在一個功能已經失調的垂死腦子中。

有三個重要的細節，為我記錄了傑美是完全有意識且親眼見證了自己復活。首先，她畫我戴著帽子在床頭邊。這不是她因為在電視上看過復活所能夠捏造的細節。其次，她畫我的搭檔克里斯多夫（Christopher）醫師雙臂和雙手擺出做心臟按壓的完美姿勢。再一次，這是一個八歲孩子不太可能會捏造的細節。最後，在她躺著的病床下方，她清楚的畫出一臺心臟復甦專用救生推車。再一次，這是一個看似不重要卻意義深遠的細節。

她功能失調的垂死腦子，不可能捏造這些細節。由於沒有眨眼反射，她的雙眼被貼上膠帶以保護眼睛，所以她不可能用平常的方法看見任何這些細節。根本沒有科學方法可以解釋……畫出如此精確的細節，除非她的意識在她恢復期間存在於身體之外。

不是只有她一個患者，曾經提供證明他們的瀕死經驗是真實的細節給我。一名幾乎溺斃的年輕女孩告訴我，她在天堂被告知，她必須返回地球，幫她母親撫養一名尚未出生但患有心臟病的孩子。她在她弟弟出生之前就告訴了我這則信息，結果她弟弟的確患有心臟病。我有一名病患曾經笑著告訴我，他看見我們設法用電擊板回復他的心跳速律，結果卻發現，那臺機器的插頭沒插到牆上的插座。事實上，那事確實發生在他最終成功復活的那段期間……

這些是我救活且採訪過的患者，因此我直接知道這些事件是真實的。然而，當這些故事被講述又轉述且透過二手和三手的敘述被聽到時，擔心這些故事可能是被美化過、乃至被捏造過其實是相當合理的。在研究這些經驗的二十五年間，我遇過少數捏造的經驗。通常那些是不知不覺或無意識的捏造，無意欺騙，儘管欺騙的情況也發生了。

科學始於觀察。在探索瀕死經驗的科學方面，那是我們現在的所在位置。我們因孩子們而擁有可靠的觀察，觀察到他們自身的復活過程，以及死亡後等待我們大家的某個靈性存在。這些似乎不是心智頭腦從瀕死經驗復原之後發明的東西，反而是（這些）內含指出孩子們在生命最後時刻發生的細節，那正是孩子們表示他們確實經歷過的。

附錄三

卡爾・榮格的瀕死經驗

卡爾・古斯塔夫・榮格（Carl Gustav Jung, 1875.7.26-1961.6.6），是瑞士心理學家兼精神科醫師，他開創了分析心理學的先河，強調個別的心靈以及個人對完整圓滿的追求。他發展出外向性和內向性、原型、集體無意識的概念。

一九四四年在一家瑞士醫院裡，榮格在心臟病發後經歷了一次瀕死經驗。他記錄了他所看到的以及他自己對生與死的想法和感受。榮格在世界靈性傳統和文化方面，擁有非常深厚的背景，而他的經驗自然而然的源自於此。然而他的故事中有許多值得好好品嘗，在你沉思本書探討的內容時，可以好好斟酌細想。

下述是榮格在他的自傳作品《榮格自傳：回憶·夢·省思》（*Memories, Dreams, Reflections*）中提到的一部分迷人經驗。[1]

一九四四年初，我摔壞了腳，在這次不幸遭遇之後，接著是一次心臟病發。在無意識的狀態下，我經驗到譫妄和異象，那一定是發生在我瀕臨死亡邊緣，且被施予氧氣和樟腦注射劑的時候。那些影像如此驚人，使我自己得出我已瀕臨死亡的結論。我的護士後來告訴我：「好像是你被一團明亮的光輝包圍住。」她補充說，那是她有時候在臨終者身上觀察到的現象。我已經到達了最外面的極限，而且不知道我是在夢裡或狂喜之中。總而言之，非常奇怪的事開始發生在我身上。

對我來說，似乎是我高高在太空之中。遠遠的下方，我看見圓圓的地球，沐浴在輝煌的藍光裡。我看見了深藍色的大海和各洲大陸……我知道我正要離開地球……

榮格飄浮在地球上方高高的太空中，凝視著這番驚人景象一段時間，然後注意到一塊跟他家房子一樣大的石頭也飄浮在太空中。

一個入口通到一間小前廳……兩級階梯向上，通到這間前廳，而在前廳內，左邊，是通到聖殿的大門。數不清的一區區小壁龕，每一區都有一塊淺碟狀凹槽，盛滿椰子油和小小的燃燒燈芯，如此一圈明亮的火焰，圍繞著那扇門……

我專注過或冀望過或思考過的一切……都消失了或被剝奪了，那是十分痛苦的過程。然而，有些東西留了下來。彷彿是，我現在隨身帶著我曾經經歷過或做過的一切、曾經發生在我身旁的一切……我是我自己的歷史構成的，我非常篤定的感覺到：這是我本來的樣子……

這樣的體驗使我感到極度貧乏，同時又感到莫大的充實全然。再也沒有我想要或欲求的東西。我以某種客觀的形式存在；我是我曾經是的樣子，和曾經活過的樣子。起初，那份被殲滅感支配著，感覺被剝奪或被劫掠；但是突然間，那變得無關緊要。其他東西引起了我的注意：當我走近那間聖殿時，我很篤定自己即將進入一間金碧輝煌的房間，而且會在那裡遇見實際上跟我同類的所有那些人。我最後會在那裡理解到（這也是很篤定的），我或我的生命會契入什麼樣的歷史核心。我會知道，在我之前曾經是什麼樣子，為什麼我誕生存在，以及我的生命會流向何方。我所活出的生命對我來說，時常像是一則沒有起點也沒有終點的故事。我覺得我是一個歷史斷片，是一段節錄，前文和後文都丟失了。我的生命似乎是被人從一長串的事件中剪下來，許多問題仍舊沒有得到答案。它為什麼選了這一門課呢？為什麼我隨身帶著這些特定的假設呢？我是怎麼做出那些假設的？接下來會發生什麼呢？我很確信，一旦進入那間石造聖殿，我會接收到所有這些問題的答案。我會在那裡遇見知道我的問題的答案的人們，知道之前曾經是什麼樣子，之後會是什麼樣子。

榮格就跟許許多多有過瀕死經驗的其他人一樣，發現他要重返地球。

我極度失望，因為現在，一切似乎是枉然。葉子脫落的痛苦歷程，等於是白費功夫，我不會被允許進入那間聖殿，加入與我同類的那群人。

實際上，整整經過三週，我才能夠真正下定決心再次活著。我吃不下，因為所有食物都令我反感……我很失望，心想：

「現在我必須再次返回到『箱子系統』（box system）中。」因為在我看來，彷彿是在宇宙的地平線後方，刻意建造一個三維世界，在這個世界裡，每一個人都獨自坐在一個小箱子內。現在，我必須再一次說服自己這很重要！生命和整個世界讓我覺得是一座監牢……當我飄浮在太空中的時候，我一直是無重量的，沒有東西拖著我。而現在，所有這一切即將成為往事！

逐漸的，他開始重新領會他在地球上的新機會，而且發現，他的瀕死經驗增強了他達成目標的能力。

那場病之後，一段豐碩的工作期為我展開。我的許多重要著作，都是在那個時候才寫成的。我體會到的洞見，或是萬物終點的視界，使我有勇氣做出新的表述。我不再試圖表達自己的意見，而是讓自己臣服於我的思緒流。就這樣，問題一個接一個向我自行揭露然後成形……

那場病之後，我才理解到，申明一個人自身的天命是多麼的重要。以此方式，我們鍛造出一個當無法理解的事物發生時，不會崩潰的小我，一個持久忍耐、承受真相、有能耐應付這個世界且與命運交手的小我。然後，經歷失敗也是經歷勝利。沒有什麼被打亂，內在沒有，外在也沒有，因為一個人自身的連續性，已禁得起生命和時間的潮流。但那只有在一個人不過分好奇的干預命運運作的時候，才能夠實現。」

分章注釋

第二章　人死後會發生什麼事？

1. Melvin Morse與Paul Perry，《跨過生死之門》（*Closer to the Light: Learning from Children's Near-Death Experiences*，New York: Villard Books, 1994），pp. 99–102。
2. Melvin Morse與Paul Perry，*Parting Visions: Uses and Meaning of Pre-Death, Psychic, and Spiritual Experiences* (New York: Villard Books, 1994)，pp. 79–81。Morse，《跨過生死之門》（*Closer to the Light*），pp. 109–111。
3. Raymond A. Moody與Paul Perry，*The Light Beyond* (New York: Bantam, 1988)，p. 43。
4. Raymond A. Moody，*Reflections on Life After Life* (New York: Bantam, 1977)，pp. 17–18。
5. Moody，*The Light Beyond*，p. 13。
6. 同上，p. 13。
7. 同上，p. 14。
8. 同上，p. 14。
9. Raymond A. Moody，《死後的世界》（*Life After Life*，New York: Bantam, 1976），p. 65。
10. 同上，pp. 89, 92。
11. Moody，*The Light Beyond*，pp. 35–36。
12. Moody，《死後的世界》（*Life After Life*），pp. 97–98。
13. 同上，p. 143。
14. Moody，*Reflections*，p. 19。

15. 同上，p. 20。
16. 同上，p. 21。
17. 同上，p. 22。
18. 同上，p. 18。
19. 安吉·費尼莫爾（Angie Fenimore），於1997年9月22日在WALE Talk Radio 990的《Heart to Heart》節目上接受依麗莎白·克雷爾·普弗特訪談。

第三章　你的死後世界有什麼選項？

1. *The Mahatma Letters to A. P. Sinnett*，A. Trevor Barker改寫兼編纂 (Pasadena, CA: Theosophical University Press, 1975)，p. 101。
2. Min Bahadur Shakya，*Buddhist Himalaya: A Journal of Nagarjuna Institute of Exact Methods,* vol. IX, no. I & II (1998)，《佛說阿彌陀經》（Smaller Sukhavati Vyuha Sutra），2–2, 3。(http://enlight.lib.ntu .edu.tw/FULLTEXT/JR-BH/bh117552.htm)。
3. Bhikshu Sangharakshita，*A Survey of Buddhism* (Boulder, CO: Shambhala Publications, 1980)，p. 334。
4. Clare Ansbury，〈自由形式的葬禮〉（The Free-Form Funeral），《華爾街日報》（*Wall Street Journal*），2019年3月2日。(https://www.wsj.com/articles/the-free-form-funeral -11551542400?mod=e2fb&fbclid=IwAR37TguMXXR6hv2Kpqk-tV C8aIpMYAWpbaLmFUwTazvycCfj_T9eeU12Qz4)
5. 源自柏拉圖的《理想國》（*Republic*）第六卷，「愚人船」（ship of fools）是指一則寓言，講述一艘船載著一群功能失常的水手。
6. 如欲聆聽「我是光」（I AM Light），請至 https://www.summitlighthouse.org/LightAudio

第四章　阿飄的危險性

1. 《第六感生死戀》（*Ghost*）是一部1990年出品的美國浪漫奇幻驚悚片，導演是傑里·薩克（Jerry Zucker），編劇為布魯斯·約爾·魯賓（Bruce Joel Rubin），派拉蒙影業（Paramount Pictures）於1990年7月13日在電影院上映。

第五章　強占天堂

1. 《別闖陰陽界》（*Flatliners*）是一部1990年由約爾．舒馬克（Joel Schumacher）執導、彼德．費拉爾迪（Peter Filardi）編劇的電影。這篇分析是根據原創電影而寫，該電影後來又用另一個腳本重新製作。本片被評為R級，有部分性愛畫面及非常黑暗的野蠻粗鄙內容。然而，即使你沒有看過這部電影，本書提出的靈性要點都是很重要的，而且透過給出的敘述即可理解。

第六章　命令光

1. 《金玉良言》（*Pearls of Wisdom*，譯註：「頂峰燈塔」〔The Summit Lighthouse〕發行的週刊），第28冊，第37篇（vol. 28, no.37），揚升上師拉內洛（Lanello），1995年8月27日。
2. 《聖經》〈以賽亞書〉（Isa.）45:11。
3. 2018年12月，《華爾街日報》刊登了一篇文章，針對世界上謀殺率最高的拉丁美洲，做了令人毛骨悚然的詳細報導。「由於對警方或法院將罪犯繩之以法缺乏信心，暴民慣常在自發的攻擊中殺死涉嫌的違法者。」秘魯、玻利維亞、墨西哥和巴西，都引用了暴力「正義」。在這一大片地區，破獲的謀殺案甚至不到百分之二十。

   巴西的經濟衰退，已然造成警方保護和法律體系遠遠落後於社區的需求。在拉丁美洲，有些公然私刑和酷刑，是在訊息服務軟體WhatsApp上引發的。不幸的是，有些受害者根本是無辜的。

   「在一個暴力揮之不去的社會裡，私刑是宣洩的行為，旨在重新強行建立秩序。」一名專門探討拉丁美洲法外正義同時兼任聯合國該議題顧問的作家如此表示。但是她也承認，這些集體攻擊「只會製造更多的不公不義，以及更多的不安全感。」

   一些福音派教會認為 某 區的當地人「被魔鬼附身」，因為私刑已經變得司空見慣。一位傳教士說：「他們表示，阻止不了自己⋯⋯一直要到看見鮮血才停得下來。」

這些類型的犯罪，無論發生在世界哪一個地方，都是典型的被群集存在體附身。（Samantha Pearson與Luciana Magalhaes報導，〈在拉丁美洲，犯罪泛濫，人民強制執行自己的殘酷正義〉（In Latin America, Awash in Crime, Citizens Impose Their Own Brutal Justice），《華爾街日報》，2018年12月6日。https://www.wsj.com/articles/in-a-continent-awash-in-crime-citizens-impose-theirown-brutal-justice-1544110959）

4. 2018年5月30日《紐約時報》（*New York Times*）的一篇文章〈對科倫拜恩人來說，學校的槍擊事件具有致命的誘惑力〉（For 'Columbiners,' School Shootings Have a Deadly Allure）表示，在新墨西哥州聖塔菲（Santa Fe）的集體槍擊事件發生之後，研究人員意識到但無法解釋這點：「現在經常發生在全美學校、令人心神不寧的集體槍擊事件，是令人震驚、擾人安寧、悲慘不幸的，而且似乎具有感染性。」

研究人員表示，看似具有感染性的暴力，已經開始從科倫拜恩（Columbine）分支出來，而且現在正帶來更多的新近攻擊事件，其中許多攻擊事件是根據上一樁槍擊事件的細節和媒體關注焦點建立的。校園槍手曾經對調查人員承認，他們當時正在與其他攻擊者進行有效競爭，設法端出更致命的戰術，而且設法殺死最多的人。

「這個現象正在自行滋長。」心理學家彼得·朗曼（Peter Langman）表示，他是《孩子為什麼殺人：校園槍擊犯的內心世界》（*Why Kids Kill: Inside the Minds of School Shooters*）一書的作者，也經營「校園槍擊犯資訊」（School Shooters.info）網站。「動量正在日積月累，而且動量愈大，未來的犯案數量就會愈多。」（Manny Fernandez、Julie Turkewitz、Jess Bidgood報導，《紐約時報》，2018年5月30日。https://www.nytimes.com/2018/05/30/us/school-shootings-columbine.html）

這點強調有需要好好落實屬靈的工作。我們的學校人員、心理學家、執法部門，都在盡力而為，但必須在靈性層次上好好處置，在星光層供養這類罪行的群集存在體。

5. 如果你有興趣閱讀更多關於大天使麥可的信息，請見《大天使麥可》（*Archangel Michael*）袖珍指南，網址：https://www.sum mitlighthouse.org/ArchangelMichael-AL

6. Moody，*The Light Beyond*，p. 151。

7. Mark L. Prophet與Elizabeth Clare Prophet，*Morya and You: Wisdom* (Gardiner, MT: Summit University Press, 2019)，p. 80。

8. 電影業透過極其暴力且光怪陸離的題材，在次文化中吸引了一群往往並不健康的追隨者。某些特別陰森的電影已被稱作「邪教經典」（cult classics）。

在線上，網路電影資料庫（IMDb）於2016年開始詳細描寫《山寨殺手》（*Copycat Killers*）的劇情，說道：

「我們大家都喜歡看電影，然而有些人卻把看電影的樂趣轉變成癡迷！《山寨殺手》是一部真實的犯罪電視連續劇，講述受到電影和電視大作啟發的寫實犯罪故事。這些真正的殺手將電影暴力帶入現實世界，講述著比我們在螢幕上看到的內容更令人震驚的故事……現實生活中的罪行，包括殺手令人髮指的背景故事、謀殺案本身、令人振奮的調查，真實呈現，足與好萊塢的賣座大片較勁。因為具有戲劇性娛樂效果，以及來自偵探、心理學家、影評人和其他專家的詳盡洞見，《山寨殺手》講述的這些嚇人的真實故事，將會改變你看電影的方式。」（https://www.imdb.com/title/tt5545018/ plotsummary）

2017年9月，雷・蘇雷特（Ray Surette）在《牛津研究百科：犯罪學與司法正義》（*Oxford Research Encyclopedias: Criminology and Criminal Justice*）發表了一篇文章，說道：

「傳統上，模仿型犯罪（copycat crime）的孕育環境，強調直接暴露於現場的人對人模式（person-to-person model）。媒體成為犯罪模型的源頭，在歷史上一直被低估了。隨著媒體在二十世紀的演進，媒介導引的模仿型犯罪模式（mediated copycat crime model）的研究也跟著增加，因此，當代模仿型犯罪的首要觀點，就是媒體來源傳播的觀點。今天，模仿型犯罪與文學、電影、電視節目、音樂、視頻遊戲、印刷品和電視新聞息息相關，然而儘管有人關心暴力媒體與社會攻擊之間的關係，也有大量這方面的研究，但嚴謹的模仿型犯罪研究卻已經落後於實際所需。」（https://oxfordre.com/criminology/view/10.1093/acrefore / 978 0190264079.001.0001 / acrefore-9780190264079-e-33）

9. 《金玉良言》（*Pearls of Wisdom*），第38冊，第38篇（vol. 38, no. 38），耶穌基督，1995年9月3日。

10. 線上天主教新聞來源《十字座》（*Crux*）報導說，在2015年俄勒岡州溫普瓜社區大學（Umpqua Community College），造成十名學生死亡的槍擊事件之後，一名神父開始在每日彌撒結束之後，帶領他的教區居民進行他們所謂的「向聖麥可祈禱」（Prayer to St. Michael）。2018年秋季，全美各地要求教區居民在彌撒結束時，一同朗誦這篇祈禱文的牧師和主教似乎有所增加，一部分原因是以此回應天主教會的性侵危機。然而，不少天主教徒從小就唸誦這篇祈禱文。一名服役於美國海軍陸戰隊的男子說，他每天唸誦這篇祈禱文，有時候在執勤期間唸誦得更加頻繁，而且唸誦這篇祈禱文現在「提醒他屬靈的生命需要些什麼。」（Carol Zimmermann，〈向聖麥可祈禱再現，以此回應性侵危機〉〔Prayer to St. Michael Makes Resurgence in Response to Abuse Crisis〕，《十字座》，2018年10月4日。https: //cruxnow.com/church-in-the-usa/2018/10/04/prayer-to-st-michaelmakes-resurgence-in-response-to-abuse-crisis/）

    另一篇《十字座》的文章說道：「相信的人體認到，當聖麥可被召喚時，祂勁道十足的出現……祈禱是強而有力的東西，不應該被低估……當你尋求聖麥可的臨在時，我們必須做好準備，讓祂可以接觸到、甚至是對抗我們自己之內以及教會領導階層之內的邪惡。」（Jeffrey F. Kirby神父，〈對大天使祈禱時，要小心你所祈願的東西〉〔With the Archangel Prayer, Be Careful What You Wish For〕，《十字座》，2018年10月14日。https://cruxnow.com/commentary/2018/10/14/ with-the-archangel-prayer-be-careful-what-you-wish-for/）

    大天使不屬於任何特定的教會或宗教，也不需要你入會才可以向祂們求助。愈多有屬靈信念的人們，打從心底帶著全然的熱情發出這則祈禱，我們就可以在自己內在和人世間看見愈多好轉的改變！

11. 《聖經》〈啟示錄〉（Rev.）20:15。

第七章　你需要知道的輪迴轉世

1. 作者Claire Gecewicz，〈「新時代」是信教與不信教的美國人的共同信仰〉（'New Age' beliefs common among both religious and nonreligious Americans），《皮尤研究中心》（*Pew Research Center*），2018年10月1日。（https://www.pewresearch.org/fact-tank/2018/10/01/new-age-beliefs-common-among-both-religious-and-nonreli gious-americans/）

2. 見*Reincarnation: The Missing Link in Christianity*一書，網址：https:// www.summitlighthouse.org/ReincarnationLink
3. Elizabeth Clare Prophet，*Nine Cats and Nine Lives: Karma, Reincarnation and You*，DVD可在網址https://www.sum mitlighthouse.org/NineLives購得。
4. 在*The Story of Your Soul: Recovering the Pearl of Your True Identity*（https://www.summitlighthouse.org/SoulStory）一書中，依麗莎白・克萊爾・普弗特從一段改譯過的〈珍珠讚美詩〉（The Hymn of the Pearl）開始，探討我們靈魂穿越時間、生命、死亡和輪迴連續體的旅程。這段引文節錄自米德（G.R.S. Mead）翻譯的〈珍珠讚美詩〉（又名The Hymn of Judas Thomas the Apostle in the Country of the Indians）。 網 址：gnosis.org/library/hymnpearl.htm
5. *Prie-dieu*（法文）。跪凳，裝有凸起的架子，讓手肘或書本可以擱在上頭，是專為方便祈禱人使用設計的。
6. 見*Hilarion the Healer*一書，網址：https://www.summitlight house.org/HilarionHealer
7. Mark L. Prophet與依麗莎白・克雷爾・普弗特，*Lords of the Seven Rays* (Gardiner, MT: Summit University Press, 1986)，pp. 549–550。
8. Elizabeth Clare Prophet，*Saint Germain: Master Alchemist* (Corwin Springs, MT: Sum mit University Press, 2004)，pp. 13–15, 17，重點強調。網址：https://www.summitlighthouse.org/SaintGermain-AL
9. Prophet，*Lords of the Seven Rays*，p. 551。

第八章　前進天堂

1. 《聖經》〈哥多林前書〉（I Cor.）15:41。
2. Serapis Bey，*Dossier on the Ascension,* (Gardiner, MT: Summit University Press, 1995)，'The Sensings of Serapis'，標題頁之前第6頁。

3. Prophet，*Lords of the Seven Rays*，p. 389。
4. 在這則真實故事中提到的那本書，最新版本是庫圖彌（Kuthumi）與達瓦庫（Djwal Kul）合著的 *The Human Aura*（Gardiner, MT: Summit University Press, 2015）。網址：https://www.summitlight house.org/TheHumanAura

附錄二

1. Melvin Morse，〈我認為你應該沒辦法跟神說話〉（I Didn't Think You Were Supposed to Be Able to Talk to God），*The University of Heaven*，2018年12月14日。（https://www.theuniversityofheaven.com/blog/i-didn-t-think-youwere-supposed-to-be-able-to-talk-to-god）

附錄三

1. C. G. Jung，《榮格自傳：回憶．夢．省思》（*Memories, Dreams, Reflections*），由Aniela Jaffe記錄和編輯，德文英譯的譯者是Richard與Clara Winston（New York: Vintage Books, 1989），pp. 289–297。

詞彙釋義

揚升上師（Ascended masters）：已經主宰了時間和空間的靈魂，且在此過程中，嫻熟掌握了祂們的四個低階身體、物質（Matter）的四大象限、以及祂們的脈輪。此外，揚升上師們至少平衡了五一%的個人業力，平衡了祂們的三聖火焰，實現了祂們的神聖計畫，啟動點化了揚升的儀式。揚升上師們居住在聖靈層（神的意識），而且因為曾經以自己在地球上生活的實例教導別人，因此可以在某座乙太聖殿或天界的城市裡，教育尚未揚升的靈魂。經由遵循靈性之路，你，也可以成為揚升大師喔！

揚升（Ascension）：靈魂在地球上最後一世的最終凱旋期，透過聖火的加速，藉由「揚升」的儀式與永生神的聖靈（我是臨在）重新結合。因為符合所有揚升的必要條件，靈魂便成為基督的新娘，首先與她的基督意識融合，然後與「我是自有永有的」永生「臨在」融合。在揚升之後，靈魂便擺脫了業力和重生的輪迴。

星光層（Astral plane）：一種超出物質界的時間和空間頻率，與人類的情緒體和集體無意識相對應，是人類的心念和感受的貯藏處，包括有意識的和無意識的。雖然原本是為了放大神的純淨感受，但星光層已經被不純淨的想法和感受渾濁了。因此，「astral」（星界的）這個英文字，往往用在有負面含義的文句裡，意指不純淨的東西。

菩薩（Bodhisattva）：梵文指「菩提或開悟的存有」。菩薩的能量和力量是導向開悟的，菩薩注定要成為佛陀，但祂誓言要拯救地球上的眾生，因此放棄了涅槃的至福。菩薩的兩大特質是仁慈與無畏的慈悲。

佛（Buddha）：梵文：「清醒，知道，感知」；「開悟的存有」。天界靈性階層中的一個職位，通過某些聖火的點化才能夠達成，包括聖靈的七道光束和五道祕密光束，以及陰性光束（亢達里尼〔Kundalini〕的聖火）的升起。

因基身（Causal body）：相互貫穿滲透的光球，在靈性層次圈住每一個靈魂的「我是臨在」。這些光球包含靈魂的所有美德紀錄，那是靈魂在地球上的許多化身期間，為了榮耀神而不是為了榮耀人類的小我，所表現出來的善行。

脈輪（Chakra）：梵文指「輪子，圓盤，圓圈」。錨定在乙太體內的光能量中心，管制能量流動到一個人的四個低階身體。有七個主要脈輪對應七道光束，五個次要脈輪對應五道祕密光束，以及總共一百四十四個光中心對應物質身體的特定點位。

霍汗（Chohan）：藏文指「王，大師」。七道光束中的每一道都有一位霍汗，為我們將那道光束的神性聚焦在地球上。請參見附錄一的圖表，包括七位霍汗的名字、了解每一位霍汗教導些什麼、以及靈修區的所在位置。

基督自我（Christ Self）：普世的基督個別化成靈魂的真實身分；每一個男人、女人、小孩的「較高自我」（Higher Self）或「真實自我」（Real Self）；靈魂與她的「我是臨在」之間的居中調解人；我們自己個人的老師、守護者、朋友；良心的聲音。請參見第八章的「你的神聖自我圖」。

不死的太陽體（Deathless solar body）：當一個人有意識的召喚神的神聖能量現前，從「我是臨在」的光織成的光的屬靈衣服。這些純淨的能量被編織成無縫的衣服，包裹著準備在揚升儀式中與她的基督自我融合的靈魂。又稱作「結婚禮服」。

提婆界（Devachan）：藏文指「至福之境」或「淨土」；相當於大乘佛教（Mahayana）的「極樂世界」（sukhāvatī）或印度教的devaloka或svarga。天界的前三個層級，是願望成真的境界，靈魂可以在這裡體驗到她的善業，同時她的負面業力在兩次化身之間被暫且擱置。如欲了解更多，請見第三章，〈天堂的開端〉。

乙太八度（Etheric octave）或乙太層（etheric plane）：物質（Matter）諸維度的最高層；一個與物質層一樣具體而真實的層面，但是在超越物理覺知的維度，和意識裡透過靈魂的感應被體驗到。這是揚升上師們和祂們的靈修區以及乙太光城的世界，較高階進化的靈魂在兩次化身之間住在這裡。

四個低階身體（Four lower bodies）：圍繞靈魂的四層外鞘（物質身體、情緒體、心智體、乙太體），為靈魂穿越時空的旅程提供載具。如需更多信息，見第三章，〈靈魂的載具〉。

中央大日（Great Central Sun）：宇宙的中心；精神物質（Spirit-Matter）宇宙的融合點；所有物質靈性創造的源起點。

淨光兄弟會（Great White Brotherhood）：靈性兄弟會，由揚升上師、大天使們、其他高等靈性存有組成；屬靈團體，由已經超越了業力和重生循環，且與永生神的聖靈重新結合的西方聖哲與東方靈修高手組成。「white」一字不是指種族，而是指白光的氣場，也就是圍繞這些不死者的光環。祂們與每一個種族、宗教、各行各業的熱心求道者一起工作，協助人類。

階層（Hierarchy）：生命的階梯，神透過不斷演化的生命鍊，將神普遍存在的力量逐步下放。一個人靈性物質成就的層次，是由這人已平衡的自我覺知，以及憑藉神在精神物質宇宙中的愛，展現如何運用神的律法，量測得出的，這個層次是標準，確立一個人在靈性階層中的定位。

我是臨在（I AM Presence）：「我是自有永有的」；個別化的神臨在，為每一個靈魂個體聚焦；個體的神身分。參見第八章「你的神性自我圖」當中最上方的圖形。

業力之主（Lords of Karma）：光之存有們，代表每一個靈魂宣判業力、悲憫、審判。每一個靈魂在地球上的每一次化身之前和之後，都要通過「業力委員會」（Karmic Board），為的是回顧過去如何利用機會，以及未來可以得到什麼機會。業力之主們有權擷取每一個靈魂化身的完整紀錄。業力委員會的行動，與每一個靈魂的「我是臨在」和「基督自我」的無條件的愛共鳴，可以決定靈魂何時掙得擺脫業力之輪和重生輪迴的權利。

彌勒（Maitreya）：彌勒這個名字源自於梵語*maitrī*（「友好」）。彌勒是「宇宙的基督」（Cosmic Christ），祂也已經通過了佛的點化。祂是期待已久的未來佛，前來教導凡是背離了偉大上師（Great Guru）薩納特·庫瑪拉（Sanat Kumara）之道、背離了祂和釋迦牟尼佛傳承世系的每一個人。在我們地球的歷史上，曾經有過無數的佛陀，祂們都曾經經由菩薩道的步驟和階段為人類的進化提供服務。

物質（Matter或Mater）：拉丁文，「母親」之意。「物質」是陽剛的「精神」（Spirit，即「聖靈」）的陰柔極性。就此而言，整個物質宇宙變成創造的子宮，「精神」將生命的能量投射到其中。「物質」是不斷演化的靈魂的居住之地。

光束（Rays）：神格（Godhead）的光芒。白光的七道光束，通過基督意識的稜鏡出現，從一到七的順序，分別是：藍、黃、粉紅、白、綠、紫和金帶深紅及紫羅蘭色。

靈修區（Retreat）：淨光兄弟會的某個中心，通常在乙太層上，揚升上師們在此主持。靈修區錨定一或多種神格火焰以及上師們的服務和成就動量，期使一顆行星及其進化的四個低階身體，均達到光的平衡。有些靈修區開放給尚未揚升的靈魂，靈魂們可以在地球上的兩次化身之間，乘著自己的乙太體旅行到這些中心，也可以趁睡眠期間，乘著自己較精微的身體旅行到這些中心。

口說的「道」的科學（Science of the spoken Word）：這門科學祈請神的光，為的是在自己裡面和世界上引發建設性的改變。這門科學的示現，是透過運用聖諭、肯定語句、祈禱和真言，汲取聖火的本質下來，透過基督自我、「我是臨在」、天界存有進入靈性、心智、物質身體的狀態中。

三聖火焰（Threefold flame）：神聖的火花，燃燒的地方不是在物質身體的心臟裡，而是在「心的密室」之內，不折不扣的聖火火花，來自神自己的心。三聖火焰又名「基督聖焰」（Christ flame），是靈魂與一切生命的「至高本源」（Supreme Source）的聯繫點。三聖火焰有三股翎毛火焰：代表神的力量的藍翎火焰在左邊，代表神的智慧的黃翎火焰在中間，代表神的愛的粉紅翎火焰在右邊。每一把三聖火焰的力量、能量、大小，是否平衡，都不一樣，取決於一個人火焰的個別狀態。

BC1083

死後會發生什麼事？

超越瀕死經驗，你要知道的死後世界

The Afterlife: What Really Happens in the Hereafter

作　　者　依麗莎白・克雷爾・普弗特（Elizabeth Clare Prophet）
譯　　者　非語
責任編輯　田哲榮
協力編輯　朗慧
封面設計　斐類設計
內頁構成　李秀菊
校　　對　吳小微

發 行 人　蘇拾平
總 編 輯　于芝峰
副總編輯　田哲榮
業務發行　王綬晨、邱紹溢
行銷企劃　陳詩婷
出　　版　橡實文化ACORN Publishing
地址：10544臺北市松山區復興北路333號11樓之4
電話：02-2718-2001　傳真：02-2719-1308
網址：www.acornbooks.com.tw
E-mail：acorn@andbooks.com.tw
發　　行　大雁出版基地
地址：10544臺北市松山區復興北路333號11樓之4
電話：02-2718-2001　傳真：02-2718-1258
讀者傳真服務：02-2718-1258
讀者服務信箱：andbooks@andbooks.com.tw
劃撥帳號：19983379戶名：大雁文化事業股份有限公司

印　　刷　中原造像股份有限公司
初版一刷　2020年10月
初版二刷　2021年 6 月
定　　價　420元
I S B N　978-986-5401-38-2

國家圖書館出版品預行編目資料

死後會發生什麼事？：超越瀕死經驗，你要知道的死後世界／依麗莎白．克雷爾．普弗特（Elizabeth Clare Prophet）著；非語譯. -- 初版. -- 臺北市：橡實文化出版：大雁出版基地發行, 2020.10
面；　公分
譯自：The afterlife : what really happens in the hereafter
ISBN 978-986-5401-38-2（平裝）
1.通靈術　2.靈界
296.1　　109012894